Hierdie boek is opgedra aan al die wonderlike vriende wat die gloed van 'n Snyman-vuur met ons gedeel het.

NUWE BRAAI MET STYL

LANNICE SNYMAN

FOTO'S DEUR VOLKER MIROS

STRUIK

ERKENNINGS

Om die foto's vir hierdie boek te neem het lang, lang ure
se werk behels en ek wil graag die span bedank . . .

Snoekies, Houtbaai, vir die seekos

The Red Shoppe, Kaapstad, vir toebehore

Collectors Corner Antiques, Kaapstad, vir toebehore

Marble Mill, Dieprivier, vir graniet en marmer as agtergrondmateriaal

My dogters, Courtenay en **Tamsin**, vir hulp met inkopies, opruim- en opwaswerk –
en geen klagtes oor middernagtelike (of selfs geen) maaltye nie

Angela Miros vir haar rol as vredebewaarder en toesighouer
en hulp met alle aspekte van stilering en fotografie

My man, Michael, vir die ontwerp en skilder van agtergrondmateriaal
en vir al die braaiwerk – in goeie sowel as gure weer

Volker Miros, fotograaf, mede-braaier, gourmet, vriend

Struik Uitgewers (Edms) Bpk
('n lid van Die Struik Uitgewersgroep (Edms) Bpk)
Cornelis Struik House
McKenziestraat 80
Kaapstad
8001

Reg. no.: 54/00965/07

Teks en foto's © Lannice Snyman 1993

Afrikaanse vertaling © Anna Jonker 1993

Alle regte voorbehou. Geen gedeelte van hierdie publikasie mag
gereproduseer word, in 'n ontsluitingstelsel bewaar word, of
gebruik word in enige vorm of op enige manier, hetsy elektronies,
meganies, deur fotokopiëring, die maak van mikrofiches of
bandopnames of andersins sonder die skriftelike verlof van die
outeursreg-eienaars en die uitgewer nie.

Eerste uitgawe 1993

Ontwerper: Janice Evans
Ontwerp-assistent: Lellyn Creamer
Illustreerder: Samantha van Riet
Fotograaf: Volker Miros
Voedselbereider en -stileerder: Lannice Snyman
Braaier: Michael Snyman

Geset deur BellSet, Kaapstad
Reproduksie deur Unifoto (Edms) Bpk, Kaapstad
Gedruk en gebind deur Kyodo Printing Co. Pte Ltd, Singapoer

ISBN 1 86825 373 2

INHOUD

Van die skryfster 7

Kos oor die kole 9

Voorgeregte 13

Vleis 19

Beesvleis 25

Wildsvleis 29

Lamsvleis 31

Varkvleis 35

Kalfsvleis 39

Hoender 41

Niertjies en Lewer 45

Wors 47

Seekos 49

Aan die braaispit 57

Potjiekos 61

Souse en slaaisouse 67

Toespyse 71

Brood 87

Nageregte 91

Register 95

Gekruide tamatiesous (bladsy 68), lamslendetjops, Potbrood (bladsy 62), uie in foelie (bladsy 76), Kaashoender in spekvleis (bladsy 41)

VAN DIE SKRYFSTER

Onder die wye oop hemel met die tergende geur van vleis wat op die kole sis raak 'n mens rasend honger in die afwagting van Suid-Afrika se nasionale tydverdryf: Die Braai. Vir miljoene agterplaas-braaiers is dit nou wel nie 'n voltydse tydverdryf nie, maar aan toewyding ontbreek dit nooit . . . en dis wonderlik hoe dikwels mense met bitter min ervaring van die kookkuns dit regkry om die heerlikste kos oor die kole gaar te maak.

Nuwe Braai met Styl is vir almal wat hulle, soos ek, verlustig in die betowering van die gloeiende kole, die aanloklike geur van 'n sissende tjop, die warm geselligheid wat net 'n braai kan bied.

Die weefstof van hierdie boek is die tallose resepte en brokkies inligting bekom oor jare van braai – daardie vriendelikste van alle saam-eet geleenthede. My eie ervarings om die braaivuur – die meeste van hulle plesierig, 'n paar misoeste ook, maar almal leersaam – vorm die breë basis van kundigheid oor alle aspekte van die kuns van kook oor die kole wat ek graag met die leser deel.

Die resepte is wyd uiteenlopend en geskik vir alle soorte braaigeleenthede – van die mees ontspanne tot die uithang-spogbraai – maar ek het resepte gekies wat almal iets gemeen het: Daardie besonderse iets wat styl genoem word, en wat van 'n braai 'n fees maak wat nog lank daarna met plesier onthou word.

Geniet dit!

Lannice Snyman

HOOFSTUK 1
KOS OOR DIE KOLE

'n Verskeidenheid braai-benodigdhede

Vir mense wat dink Die Perfekte Tjop (en daarmee bedoel ek die hele braai-besigheid — vis, vleis, pluimvee en bykosse) — het sy hoofletters sommer so vanself verdien: lees gerus verder. 'n Bietjie vriendelike raad en baie oefening, en kort voor lank kan selfs 'n beginner 'n braai-koning word.

DIE VUUR
'n Geslaagde braai begin met die keuse van die braaiplek. Daar is nog 'n horde dinge om te oorweeg — die keuse van die brandstof, die hitte van die kole, die opstel van die rooster, bykomende vure om die kolevoorraad aan te vul, en die tydsberekening van alles wat gaar moet kom.

Dan moet daar ook nog rekening gehou word met die giere van mense en die weer, wat darem nie aldag maklik is nie. Dis g'n wonder dat 'n sin vir humor (en 'n dop of wat) so 'n belangrike rol speel om alles glad te laat verloop nie.

In die oop veld of op 'n verlate strand is dit maklik om 'n geskikte braaiplek uit te soek. Die plasing van die tuisbraai (permanent of verskuifbaar) is miskien 'n bietjie meer problematies. Die heersende windrigting, beskikbare ruimte, die uitleg van die tuin en die nabyheid van die kombuis (as jy nou nie 'n stuk of ses handlangers het nie) moet alles in ag geneem word. Maar op die ou end lyk dit of enige Suid-Afrikaner wat sy sout werd is hom deur niks laat keer om sy vuur aan te pak en sy vleis te braai nie.

DIE BRAAITOESTEL
Hier kan 'n mens kies tussen die ingeboude braaiplek of 'n mobiele of draagbare vuurkas wat in verskeie ontwerpe, groottes, materiale en teen verskillende pryse te koop is. Baie gesinne is die trotse eienaars van albei en het 'n permanente braaiplek ingebou op 'n gerieflike plek, plus die een of ander draagbare of stootbare kontrêpsie om te gebruik wanneer die weer sleg is of die braai doer ver in 'n uithoek van die land gehou word.

Onder die mobiele braaitoestelle is daar die handige *Hibachi* wat in Japan ontwerp is en vandag wêreldwyd gewild is. *Piekniek-braaitoestelle* is te koop in allerhande groottes, en die opvoubare kleintjies pas maklik in die bagasiebak.

Benewens die konvensionele braaitoestelle, word binnenshuise en buitenshuise *houtskool-braaitoestelle* vandag al gewilder vir 'n vinnige biefstuk met 'n braaigeur. Hulle werk almal met elektrisiteit of gas.

Daar is natuurlik mense wat doodtevrede is om hul vuurtjie aan te pak in 'n lamlendige kruiwa of halwe konka, of sommer so tussen 'n paar opgestapelde klippe en bakstene. En waarom nie? Hierdie prakseersels het die voordeel dat hulle goedkoop is en jy kan die omvang van jou kolebed en die hoogte van die rooster baie maklik verander presies soos jy dit wil hê. Jy pak net nog 'n paar klippe of bakstene opmekaar of haal 'n paar weg om die kolebed te vergroot vir 'n paar ekstra tjops, of om die rooster hoër of laer oor die kole te stel om die hitte te reguleer.

BRAAI ONDER 'N KAP
Sit 'n kap oor wat jy gaar maak en dit gaan baie gouer, wat veral nuttig is wanneer jy 'n groot stuk vleis of 'n hele vis berei. Die kap hou die hitte binne en die kos word van alle kante af gaar en nie net van onder af soos op 'n oop rooster nie.

Vernuftige ingevoerde kappe is beskikbaar in verskeie kleure en groottes, met 'n verstommende verskeidenheid hegstukke wat jy kan aanskroef. Wiele sorg dat die toestel verskuif kan word, sommer so onder die braai deur met kos en al. Die kappe is ontwerp om die kos teen wind en weer te beskut en omskep terselfdertyd die toestel in 'n oondjie waarin die hitte en sirkulerende rooklug baie gou 'n buite-braai in 'n proses van oondbraai verander.

Die geperste koolblokkies ('briquettes') is ideale brandstof, maar onthou tog net om hulle goed te laat afbrand voor jy begin braai; eers as daar 'n lagie gryswit as op die blokkies is, is hulle reg.

Skroei en verbruin altyd eers die vleis met die kap afgehaal, sit dan die kap op, maak die trekdempers oop – en jy kan maar gaan sit en ontspan. Maar dit is darem nodig om jou af en toe te lig om te kyk wat onder die kap aangaan sodat die kos nie dalk verkool nie – en dit gebeur nogal maklik as 'n mens nie gesorg het dat die kole vooraf goed afgebrand het nie.

Tuisgemaakte prakseersels is baie goeie plaasvervangers vir die duurder gekoopte kap-braaitoestelle. Maak 'n metaalraamwerk en bedek dit met bladaluminium, of keer eenvoudig 'n hittebestande bak oor die vleis om.

FOELIEPAKKIES OOR DIE KOLE

Om kos in bladaluminium (foelie) gaar te maak is heeltemal iets anders as braai, want dit is eintlik 'n stoom- of bakproses. Jy kan maar sê dis die moderne weergawe van 'n klassieke tegniek – toe mielieblare, piesangblare en stroke seebamboes as hulsels gebruik is. Foelie is baie nuttig om kos oor die kole gaar te maak. Gebruik dit gerus om konvensionele braaigeregte 'n bietjie anders te laat smaak, en om jou reeks braaidisse uit te brei. Foelie het die voordeel dat dit sterker is as natuurlike stowwe en behoorlik verseël kan word, en boonop kan jy jou pakkies vooruit voorberei en indien nodig oornag in die koelkas bewaar.

Om te sorg vir egalige gaar word, sny die kos in ewe groot stukkies, en sorg dat die pakkie baie deeglik verseël word. 'n Sproeiseltjie kookolie aan die binnekant sorg dat die kos nie vassit nie. Onthou

om die blink kant na binne te hou sodat die hittestrale op die kos gerig word en nie na buite weggekeer word nie. Kies swaargewig-foelie, wat beter bestand is teen die hitte van die kole.

Hou dit ook in gedagte dat dit 'n vinnige metode van gaar maak is. Dit beteken dat die geure apart sal bly eerder as om te versmelt.

As 'n aartappel die enigste ding is wat jy nog in foelie gaar gemaak het, lees gerus verder. Daar is 'n magdom resepte in hierdie boek vir die heerlikste smulpakkies van vleis, seekos en groente.

DIE ROOSTER

Plat en oop, of met skarniere? Albei tipes is doeltreffend. 'n Skarnier-rooster wat toeklap is baie nuttig wanneer 'n mens 'n groot hoeveelheid vleis van dieselfde soort en eweredige dikte braai. Dit stel jou in staat om die hele lot met die minste moeite om te draai, die vleis word stewig vasgehou, en jy skakel daardie ongelukkies uit wat die lekker happies tussen die kole laat verbrand. 'n Toeklap-rooster is aangewese om vis in te braai, want 'n vis is mos 'n ding wat makliker uitmekaarval as ander vleiskos.

'n Plat rooster het ook sy voordele: Jy kan die afsonderlike stukke makliker bykom om te druk en te draai, te bedruip en te toets vir gaarheid soos dit nodig word. Die plat rooster laat jou ook toe om die porsies van areas van intense hitte na koeler plekke op die rooster te verskuif wanneer 'n sagter hitte nodig is.

BRANDSTOF VIR KOLE

Hout, houtskool, koolblokkies, droë mieliestronke, en wingerdstokke is almal geskik om 'n gloeiende hoop kole te lewer. 'n Mens wil nou nie by 'n stryery met die puriste betrokke raak nie (elke ou glo vas sy brandstof is die beste), maar dit kan nie ontken word dat die gehalte van sowel as die hoeveelheid kole van die uiterste belang vir die sukses van enige braai is nie.

Wat ook al die keuse, moet net nie suinig wees met die brandstof vir jou vuur nie. Menige petieterige hopie kole het al morsdood gevrek voor die kos gaar was, en daar staan die gasheer rooi van die verleentheid, die gaste is knorrig van die honger, die gasvrou pyl kombuis toe om die oondrooster aan te skakel en egskeiding te beplan.

Samel volop brandstof betyds in en steek die vuur betyds aan. En, wanneer groot hoeveelhede vleis gebraai moet word, bewys jouself die guns om 'n tweede vuur aan die gang te kry sodat dit mooi aan die afbrand is wanneer die eerste vuur se kole reg is, en dan het jy 'n aanvullende bron kole vir die wis en die onwis…

HOE OM DIE VUUR TE MAAK

Elke vuurmaker het sy eie spesiale tegniek, maar die basiese plan is om te begin met opgefrommelde koerantpapier met dun stokkies fynhout bo-op gepak. Sodra die vlamme goed vat, begin jy dikker stompies droë hout, houtskool of koolblokkies ('briquettes') oppak, en so bou jy die vuur op tot daar 'n ruim voorraad brandstof vir kole is.

Enige mens se neus sal vir hom sê om versigtig te werk met kommersiële brandaanstekers. Om dieselfde rede moet 'n mens *nooit* petrol of lampolie of so iets op die vuur gooi om die vlamme aan te hits nie. Moet ook nie hout gebruik wat kunsmatig behandel was met enige preserveermiddel wat giftig is en naar ruik nie. Moet nooit hout, latte of vleispenne van giftige plante soos selonsroos gebruik nie.

'n Windskerm aan die windkant van jou vuur sal voorkom dat dit te vinnig af- en dalk nog uitbrand. 'n Verdere voordeel van so 'n skerm is dat die vleis in koue weer gouer gaar word. Sommige braaiplekke en -toestelle het ingeboude windskerms, maar 'n draagbare skerm gemaak van helderbont seildoek met gleuwe vir besemstokke wat jy aan die windkant van die vuur kan plant, is baie doeltreffend.

HITTE VAN DIE KOLE

Die kole is die hele geheim van die welslae of mislukking van jou braai. Die kole moet warm genoeg wees om die vleis vinnig te verseël om die geur en sappe te bewaar, maar darem ook nie so warm dat die buitekant verkool voor die binneste gaar is nie. Verskillende soorte vleis verg ook verskillende hittegrade.

Voor jy kan begin braai, moet koolblokkies en houtskool al lank genoeg gebrand het om 'n lagie grys as buite-om te toon – gewoonlik 30 tot 45 minute. 'n Houtvuur is eers reg wanneer daar nie meer vlammetjies dans nie en jy 'n hoop gloeiende kole het. As jy oorhaastig is en te vroeg begin braai, sal jou vleis verkool voor jy nog 'n biertjie kan sluk. Wag nog 'n rukkie nadat die kole reg is indien die vleis of vis 'n sagter braaihitte nodig het.

BRAAIBESTUUR

As 'n mens nie jou braai behoorlik bestuur nie, word jy maar alte dikwels beloon met 'n brand- of bloedoffer.

Vooraf beplanning, noodsaaklik vir enige soort onthaal, is nog belangriker in die geval van 'n braai, wanneer 'n mens tog juis die geselskap van jou gaste wil geniet eerder as om dan nog alleen-alleen in die kombuis te sukkel. Besluit dus vooraf hoe eenvoudig of gesofistikeerd jou braai gaan wees, en kry al die moontlike voorbereiding vooraf agter die rug. Dink vooruit aan die visuele aantreklikheid van die disse. Beplan jou dienborde en garnerings vooruit. Sorg dat al die bestanddele vir elke gereg, en ook die bedruip- en slaaisouse byderhand is.

'n Mens leer naderhand om taamlik sekuur van die geluid van die sis af te lei wat die kooktemperatuur is, en om te voel aan die weerstand van die vleis as jy daaraan druk of dit prik watter graad van gaarheid die kos bereik het.

DIE FEESMAAL WORD BEDIEN

Kos oor die kole wil nie wag om bedien te word nie, en dit is dus baie belangrik om die kooktyd en bedientyd van al die braaidisse en bykosse te reguleer.

Wanneer die braaiproses verby is en die smul begin, pak gou eers nog hout op die vuur. Daar's niks wat kan vergelyk met die atmosfeer van 'n knetterende vuur en dansende vlamme nie.

Vertroetel jou gaste met 'n laaste vriendelikheid: Draai klam jammerlappies toe in foelie, verwarm hulle effens aan die rand van die kole, en deel uit om blinkbekke en vingers mee af te vee.

Die vlamme kwyn tot 'n hoop gloeiende kole, gereed vir die braai

HOOFSTUK 2

VOORGEREGTE

Dis prettig om die vuur dop te hou, so onder die geselsies en geselllige verkeer met vriende en familie, maar dit stil nie die hongerpyne nie.

Hierdie versameling van voorgeregte is ontwerp om met die minste moeite voorgesit te word, en met net die allernodigste eetgerei. Baie van die geregte kan maklik vervoer word en kan na keuse met ander bedien word om getal gaste en hul voorkeure te pas. Die geregte het ook die voordeel dat hulle vooraf berei kan word, wat jou vry laat om te ontspan en die samesyn te geniet.

GEMARINEERDE OLYWE MET FETA

Berei 'n groot voorraad en hou dit byderhand in die koelkas; die olywe sal verskeie weke lank perfek hou. Haal dan genoeg uit en laat dit kamertemperatuur bereik, en bedien as peuselkos of rangskik op slaai. Gebruik net die allerbeste olyfolie.

500 g groen olywe
500 g swart olywe
400 g feta-kaas, in blokkies gesny
4 huisies knoffel, geskil, gehalveer
15 ml koljandersaad, gestamp
2 vars rooi of groen brandrissies, gehalveer en ontpit
punte van 'n paar takkies vars roosmaryn
olyfolie

Gemarineerde olywe met feta; Geroosterde gemengde neute (bladsy 13); Soetrissies met ansjovis (bladsy 16)

Dreineer olywe en plaas in 'n bak met die feta-kaas, knoffel, koljander, brandrissie en roosmaryn. Meng saggies aan. Hervul die flesse – of vul een groot fles – en vul met olyfolie tot aan die rand. Verseël en bêre in die koelkas tot benodig.
Lewer 1,5 kg

GEROOSTERDE GEMENGDE NEUTE

Hierdie aromatiese peuselkossies kan oor die kole of in die oond gerooster word en bedien word wanneer hulle koel genoeg is. Kies en meng soos dit jou smaak en sak pas uit grondbone, kasjoeneute, Brasilneute, amandels, okkerneute, dennepitte en makadamia-neute.

500 g gemengde neute, uitgedop
sout

Voorverhit die oond tot 180 °C. Strooi die neute in 'n braaipan, bestrooi liggies met sout, en rooster sowat 20 minute lank; keer die neute so al om die 5 minute om tot egalig verbruin. Hou versigtig dop, hulle brand baie gou aan.

As die neute oor die kole gerooster word, sorg dat die kole koelerig is en rooster die neute in 'n groot swaar braaipan. Skud die pan gedurig.

As daar vir 'n wonder neute oorbly, bêre hulle in die koelkas in 'n fles met 'n skroefdeksel.
Genoeg vir 6–10

Setsjewan-komkommers; Vars aspersies met sitrus-mayonnaise (bladsy 15)

14 VOORGEREGTE

SETSJEWAN-KOMKOMMERS

Komkommer-vingers met 'n onvergeetlike geur – gemarineer in 'n skerp, tintelende Oosterse sous. Hulle hou tot 2 weke lank perfek in die koelkas. Setsjewan-peperkorrels is beskikbaar by Chinese winkels, maar jy kan wit of swartpeperkorrels gebruik as die ware jakob nie te vinde is nie.

1 groot Engelse komkommer
sout

SETSJEWAN-SOUS
10 ml sesamolie
5 ml fyn gekapte gemmerwortel
  of 2 ml gemaalde gemmer
2 vars groen of rooi brandrissies,
  ontpit en fyn gekerf
5 ml Setsjewan-peperkorrels
30 ml wynasyn
15 ml bruinsuiker

Sny die komkommer in die lengte in 8 repe. Verwyder pitte en sny repe op in 5 cm-stukke. Plaas in 'n bak, bestrooi met sout en laat sowat 30 minute staan. Die sout trek die oortollige vloeistof uit.

Gooi die komkommer in 'n vergiettes en spoel af in koue water, dreineer en tik droog. Gooi oor in 'n dienbak.

Verhit die sesamolie in 'n braaipan en roerbraai die gemmer, rissies en peperkorrels sowat 20 sekondes lank. Voeg asyn en suiker by en roer tot suiker oplos. Giet die warm mengsel oor die komkommer en meng aan. Bedek en verkil minstens 6 uur lank in die koelkas (oornag is nog beter) voor bedien word.
Genoeg vir 8–10

VARS ASPERSIES MET SITRUS-MAYONNAISE

Aspersies is 'n seën van die somer en is heerlik en maklik om te eet as voorgereg met 'n strooiseltjie gemaalde peper en 'n skootjie suurlemoensap, of met hierdie besonderse mayonnaise.

2 bakkies aspersies

SITRUS-MAYONNAISE
3 eiergele
1 ml sout
1 ml Engelse mosterdpoeier
30 ml suurlemoensap
45 ml lemoensap
gerasperde skil van 1 lemoen
375 ml sonneblomolie

Was die aspersies en sny 'n dun skyfie af by die onderpunt. Slanke groen aspersies het nie afskil nodig nie. Dikker stingels is geneig om grof te wees en moet geskil word; skil hulle met 'n groenteskiller of baie skerp mes van die onderpunt af boontoe na die knoppies.

Baie dun aspersies kan oor kokende water gestoom word; dikker aspersies moet gekook word. As jy 'n pot van die regte afmetings het, laat die aspersies regop in die water staan met die punte bokant die water waar hulle net kan stoom. Of die aspersies kan plat in 'n kastrol met deksel geplaas word en liggies geprut word tot hulle sag is. Hulle is gaar wanneer die punte nog so 'n bietjie slap hang wanneer hulle uitgelig word. Dreineer en rangskik op 'n dienbord.

MAYONNAISE Plaas die eiergele, sout en mosterd in die bak van 'n voedselverwerker of menger en klits tot dik en lig van kleur. Met die masjien nog aan die loop, voeg die suurlemoensap, lemoensap en skil stadig by. Voeg oplaas die olie baie stadig in 'n dun straaltjie by. Skep in 'n bak en sit voor as 'n doopsous.
Genoeg vir 6–8

BEREI VOORUIT
Aspersies is op hul beste wanneer hul dadelik bedien word, nog louwarm of by kamertemperatuur. Die mayonnaise kan tot 5 dae lank in die koelkas bewaar word mits dit goed verseël is.

ARTISJOKKE MET BALSAMINIE-VINAIGRETTE

'n Maklike, elegante peuselkossie voor die braai wat die dag tevore gemaak en oornag in die koelkas gehou kan word.

Onthou egter dat artisjokke op hul geurigste by kamertemperatuur is. Haal hulle dus betyds uit die koelkas.

12 klein artisjokke
125 ml droë witwyn
60 ml olyfolie
3–4 huisies knoffel, geskil en gekap
1 lourierblaar
2 takkies tiemie
3 takkies pietersielie
6 peperkorrels
1 ml sout

BALSAMINIE-VINAIGRETTE
125 ml olyfolie
30 ml wynasyn
30 ml balsaminie-asyn
1 ml sout
1 ml suiker
gemaalde swartpeper

Sny die artisjokke van onder reg. Verwyder die taaiste buiteblare. Sny die boonste derde blare af as jy dink die voorkoms moet 'n bietjie opgeknap word.

Reinig deur koue kraanwater in en oor die artisjokke te laat loop. Week hulle sowat 'n uur lank in koue soutwater om ontslae te raak van onwelkome wegkruipertjies wat nog daarin skuil.

Plaas artisjokke regop in 'n diep kastrol, bedek met koue water waarby die wyn, olyfolie, knoffel, kruie, peperkorrels en sout gevoeg is. Bedek en laat prut tot sag (15–45 minute, afhangende van grootte). Hulle is gaar wanneer hulle sag voel wanneer hulle met 'n dun pen geprik word, of wanneer die buitenste blare voel of hulle afgetrek kan word.

Laat afkoel in die kookvloeistof.

Dreineer en rangskik op 'n dienbord. Meng die bestanddele vir die vinaigrette, giet die slaaisous in die artisjokblare en sit die bak opsy om 'n paar uur te marineer. Garneer met vrolike kappertjieblomme en -blare.
Genoeg vir 6

ANTIPASTO

'n Briljante reeks Italiaanse peuselkossies, treffend van kleur en geur, wat met die vingers geëet word. Sit voor saam met goed verkilde rooi nouveau-styl wyn. My gunsteling-kombinasie van smulhappies sluit talle van die resepte in hierdie versameling voorgeregte in, tesame met delikatesse soos:

snye kouevleis soos mortadella,
  pastrami en ham
volop glimmende swart olywe
piepklein tamaties
vars, ryp radyse
geblansjeerde jong groenbone,
  verglans met vinaigrette
allerhande kaassoorte, in snye
  of blokkies

Rangskik dit alles kunstig op 'n groot dienbord of skinkbord met warm brood met 'n bros korsie en botter.

SOETRISSIES MET ANSJOVIS

'n Kleurryke Italiaanse aptytwekker met 'n tergende geur wat tot 'n week in die koelkas bewaar kan word.

3 groot rooi soetrissies
3 groot geel soetrissies
45 ml olyfolie
4-5 huisies knoffel, baie fyn gekerf
12 ansjovis-filette
45 ml kappertjiesaad
seesout en gemaalde swartpeper

Skroei die skille van die soetrissies onder die oondrooster of oor 'n gasvlam. Plaas in 'n plastieksak, bind toe en laat sweet, en trek die skille af. Sny die rissies aan repe, gooi pitte en ribbes weg, en plaas in 'n bak. Voeg oorblywende bestanddele by, meng goed en sit voor.
Genoeg vir 6

VARIASIE
Voeg geblansjeerde groente by, soos takkies blomkool of brokkolie, knoppiesampioene, jong groenbone, prei, selfs jong aartappeltjies in die skil.

HOENDERLEWER-PÂTÉ MET KRUIE

Hoenderlewer-pâté het nou wel so 'n bietjie uit die mode geraak, maar pâté bly steeds 'n ideale voorgereg by 'n braai, bedien met soutbeskuitjies, driehoekies roosterbrood, of tuisgebakte brood.

250 g hoenderlewertjies
1 klein ui, gekap
200 g botter
15 ml gekapte vars kruie
  (tiemie, marjolein, orego)
  of 2 ml droë gemengde kruie
  of 15 ml groen peperkorrels
sout en gemaalde swartpeper
30 ml brandewyn
30 ml droë sjerrie
30 ml gekapte pietersielie
60 ml room

Was die hoenderlewers, sny reg en gooi ongewenste stukkies weg, en tik droog. Soteer die ui in 'n bietjie van die botter tot sag maar nie verbruin nie. Roer die gekapte kruie by (nie die pietersielie nie), asook die sout en volop peper. Voeg dan die lewers by en braai tot net-net gaar; keer gedurig om.

Puree die mengsel in 'n menger of verwerker met die oorblywende botter, die brandewyn, sjerrie, pietersielie en room. Proe vir geur en giet dan in 'n dienbak, bedek en verkil.
Lewer 500 ml

BEREI VOORUIT
Die pâté kan tot 3 dae vooruit gemaak word en sal nog langer hou indien dit bedek word met verhelderde botter. Kook die botter af, giet 'n dun lagie oor die pâté, en verkil om te stol.

VERHELDERDE BOTTER

Die beste deklagie vir pâté, en ideaal vir braai omdat dit nie aanbrand nie.

Verhit 500 g botter in 'n diep kastrol tot dit saggies begin kook. Kook sowat 10 minute oor lae hitte, sonder deksel.

Die water verdamp, onsuiwerhede styg boontoe, die sout sak af en die verhelderde botter bly in die middel. Laat afkoel, skraap die bolaag weg en lig die verhelderde botter van die sout af. Hou in die koelkas.

TAMATIE EN MOZZARELLA MET BASILIE-VINAIGRETTE

Eenvoud is die geheim, maar gebruik net bestanddele van die allerbeste gehalte.

As basiliekruid nie beskikbaar is nie, vervang dit met vars dragon, tiemie of marjolein. Gedroogde kruie is verbode en sal die hele gereg bederf.

6 ferm, ryp tamaties, in skywe gesny
300 g mozzarella-kaas, baie dun gesny
klein bossie grasuie, fyn gekerf
  (opsioneel)
klein takkies of blaartjies basiliekruid

BASILIE-VINAIGRETTE
60 ml olyfolie
30 ml wynasyn
5 ml sojasous
skootjie suurlemoensap
6-8 vars basilieblare, fyn gekap
sout en gemaalde swartpeper

Rangskik die tamatie en mozzarella oorvleuelend op 'n platterige dienbord; bestrooi met gekerfde grasui. Meng die vinaigrette en sprinkel oor die kaas en tamatie. Garneer met die basilie.
Genoeg vir 6–8

BEREI VOORUIT
Hierdie slaai kan met rekplastiek verseël word en 1–2 uur in die koelkas gehou word. As jy dit nog vroeër wil berei, giet die slaaisous net voor bediening oor.

WARM TAMATIE-BRAAIBROODJIES

Rooster die braaibroodjies (bruschetta) oor die kole, en laat die tamatie-bolaag eenkant stadig prut. Gedroogde kruie is verbode. Sorg dat die tamaties baie ryp en vol geur is. Indien nie, voeg 'n bietjie tamatiepasta by.

8–10 snye Bruschetta (resep bl. 88)

BOLAAG
500 g klein tamaties, gehalveer
2–3 huisies knoffel, gepers
8 groot basilieblare, fyn gesnipper, of vars dragon of marjolein
knypie suiker
sout
gemaalde swartpeper

Kombineer die bestanddele in 'n klein kastrol, geur na smaak met sout, peper en suiker. Laat oop prut tot 'n dik moes. Bedien dadelik, met die tamatie-mengsel op die warm braaibrood geskep.
Genoeg vir 6–8

BEREI VOORUIT
Die bolaag kan 'n paar dae vooruit berei word en herverhit word.

Warm tamatie-braaibroodjies

Plomp hoender, boerewors, lamslende, T-beenskyf, jambonskywe

HOOFSTUK 3

VLEIS

Vleis – byna altyd die fokus van die fees – verg die grootste oordeelkundigheid by die keuse, ryp maak en geur, en al jou toewyding by die gaar maak.

KEUSE
Oor die kole braai is 'n droëhitte-gaarmaakmetode, en 'n mens kan dus nie die wonderwerk verwag dat die vleis sagter sal word soos dit gaar word nie – dit word eerder taaier, veral as dit oorgaar gemaak word. Dit is dus uiters belangrik dat 'n mens geskikte snitte vir 'n braai kies, en weet hoe om met hulle te werk.

RYP MAAK
Bees- en lamsvleis moet moet ryp gemaak word voor dit oor die kole gebraai word. Vra die slagter of hy dit reeds gedoen het, want ryp maak is allerbelangriks vir die sagtheid van die vleis.

Tradisioneel word die hele of halwe karkas in 'n koelkamer gehang. Of anders word kleiner snitte (soos 'n hele kruisstuk) op die rak in die koelkas geplaas om te verouder. Vergeet maar daarvan om klein snitte soos tjops en biefstuk op dié manier te probeer ryp maak – hulle droog net uit. Berg die vleis teen 'n temperatuur van 0 – 4 °C (die temperatuur van 'n gewone kombuis-koelkas): beesvleis vir 7–14 dae; lamsvleis vir 2–7 dae.

Vee eers die vleis met 'n asynlappie af voor jy dit onbedek in die koelkas begin ryp maak. Sorg ook dat daar nie beensaagsels en -stof is nie, want dit laat die vleis gou bederf. Moet nooit vleis onder die kraan afspoel nie of dit in water laat lê nie – dit maak die vleis taai.

Soos die vleis ryp word, sal die buitenste lagie uitdroog en verkleur. Sny dit af voor jy die vleis vir gaar maak of bevriesing voorberei.

Vakuum-verpakking is 'n nuwer manier om vleis in die koelkas ryp te maak. Die vleis word dig verseël in dik plastiek, wat geen lug of klammigheid deurlaat nie. In hierdie atmosfeer verouder die vleis pragtig. 'n Ekstra voordeel is dat massaverlies minimaal is.

WENKE VIR BEVRIESING
- Moet nooit vleis bevries voor jy eers oortollige vet en been verwyder het, en die vleis behoorlik in die koelkas ryp gemaak het nie.
- Sny die vleis op in dienporsies voor jy dit bevries.
- Verpak die vleis in duursame vrieshulsel in eenmaaltyd-hoeveelhede en etiketteer dit duidelik met datums.
- Bevries die vleis so vinnig moontlik om te voorkom dat yskristalle daarin vorm wat die vleisvesels sal beskadig. Professionele vlaagbevriesing voorkom hierdie probleem. Dit help ook om die vleis vinnig in die vrieskompartement in die kombuis-koelkas te bevries, en om die vriespakkies so plat moontlik te hou.
- Om drupverlies te voorkom wanneer die vleis ontdooi word, laat die vleis oornag stadig in die koelkas of by kamertemperatuur ontdooi. As dit nie anders kan nie en die vleis vinnig ontdooi moet word, laat die porsies (nog styf toe in plastiek of in die vrieshulsel) in koue kraanwater lê, of gebruik die ontdooi-siklus van die mikrogolfoond.
- Hou by die aanbevole periodes vir bevriesing: beesvleis, lamsvleis en wildsvleis tot 'n jaar lank; varkvleis, kalfsvleis, maalvleis en ook afval tot 6 maande lank; wors tot 2 maande.

VLEIS OOR DIE KOLE

Vorm vooraf 'n gedagteprentjie van die gaar snit. Sny senings en onooglike been weg. Sny oortollige vet af, maar laat darem genoeg vet aanbly om die vleis te geur. Om te sorg dat tjops en biefstuk nie op die rooster opkrul nie, keep die vetrandjie op afstande van 2–3 cm.

Laat verkilde vleis altyd eers kamertemperatuur bereik voor jy begin braai. Dit is dan sagter, en jy hoef jou nie op raaiwerk te verlaat oor hoe lank dit sal vat om gaar te word nie.

Verban vleisvurke – om die sappe te behou, moet 'n mens nie gate in die vleis steek nie. Keer met 'n vleistang om.

Smeer olie aan die rooster voor jy begin braai sodat die vleis nie vassit nie. Skroei die vleis vinnig aan albei kante om te verseël en die sappe binne te hou. Keer dit dikwels om sodat dit egalig gaar word en verbruin. Hou die horlosie dop terwyl jy braai, en mik daarna om alles gelyk gaar te kry. Bereken die verskillende kooktye vir die verskillende soorte vleis; begin met die braai van die snitte wat die langste sal neem om gaar te word en sit die res van die snitte betyds in volgorde van korter braaitye op.

Luister na die gesis van die vleis – dit is 'n goeie aanduiding van die hittegraad sowel as die braaispoed. Later leer 'n mens om aan die weerstand van die vleis te voel hoe gaar dit is.

Dit is onmoontlik om vaste tydsberekeninge te verstrek, want daar is allerlei faktore wat dit beïnvloed: die soort vleis, die dikte en temperatuur van die vleis voor dit op die rooster geplaas word, die hitte van die kole, die temperatuur van die lug, en of daar 'n briesie is.

GEURMIDDELS EN -METODES

Tussen die suinige strooiseltjie sout en verbysterende marinades, lê daar honderde opwindende geurmoontlikhede.

Geur van die oppervlak. Vleis wat aan die oppervlak lig gegeur word met kruie en speserye, 'n gesnyde knoffelhuise of 'n skootjie suurlemoensap is heerlik, en 'n bietjie Worcestershire-sous, sojasous of braaisous is ook lekker. Hierdie geurmiddels sal nie kans kry om diep in te dring nie, maar verrig wondere vir voorkoms en smaak. Gewoonlik word vleis nie te lank voor die braai gegeur nie omdat sout, peper, kruie en speserye die vleissappe uittrek.

Marineer en bedruip plaas vleis in 'n ander klas. Sommige puriste wil niks weet van marinades en bedruipsouse nie en staan vas dat as die snit, die gehalte en die ryp maak goed is, bykomstige geurmiddels soos marinades onnodig is en die geur van die vleis oorweldig eerder as beklemtoon. Daar steek baie waarheid hierin, maar daar is tog taaier snitte wat baie verbeter kan word met marinering.

Die rede vir marinering is drievoudig:
☐ Geurpenetrasie – hoe diep die geur in die vleis sal intrek, hang af van die geurmiddels en van hoe lank die vleis gemarineer word.
☐ Sag maak van die vleis – veral deur wyn, asyn of bier in die marinade te gebruik.
☐ Preserveer van die vleis – vandag is hierdie faktor net belangrik in die geval van lang kamptogte.

Sommige marinades brand maklik oor die kole aan, 'n gevaar wat verminder kan word deur die vleis droog te tik voor dit gebraai word. Stel die rooster hoër en keer die vleis dikwels om.

Hoe lank die vleis gemarineer word, hang af van die soort vleis, die grootte van die snit, en die geurpenetrasie wat verlang word. Groot snitte kan van 'n paar uur tot verskeie dae gemarineer word. Sosaties, kebabs en taaier snitte kan van 1–5 dae in die marinade lê.

Hoender kan met groot welslae gemarineer word – vir 'n paar uur tot 'n paar dae. As die hoender dan halfgaar gekook word in die marinade voor dit gebraai word, trek die geurmiddels dieper in en word die braaityd verkort.

Wildsvleis en ribstuk kan 'n dag of wat lank gemarineer word.

Tjops en biefstuk is weer op hul beste net so, met die natuurlike geur behoue, maar 'n vinnige vegie met 'n braaisous is darem ook baie lekker!

Vis is van nature vol van sy eie geur, sag en (meestal) sappig, dus marineer 'n mens vis maar net om 'n besonderse geur by te voeg. Gebruik sagte geurmiddels en moenie die vis langer as 1–2 uur marineer nie, anders proe jy nie die vis nie, net die marinade.

GEURMIDDELS

Hier loop versigtigheid en ervaring hand aan hand. Om 'n gereg bo die doodgewone tot die onvergeetlike te verhef, gebruik gerus van die enorme reeks geurmiddels, maar met oorleg.

As dit enigsins moontlik is, gebruik vars kruie eerder as gedroogde kruie; in hierdie boek word die hoeveelhede vir elk verstrek. Daar is egter geregte waarin gedroogde kruie eenvoudig nie aanvaarbaar is nie. Voor jy gedroogde kruie gebruik, ruik daaraan om vas te stel of die geur nie al verslaan het nie; die kruie moet nog vars en aromaties ruik. Verleng die raklewe van kruie deur die gedroogde kruie in dig verseëlde flessies op 'n koel, donker plek te bêre. En liewer te min as te veel sout en peper – gaste kan mos altyd nog bygooi as hulle wil.

Die drie soorte peperkorrels wat die meeste gebruik word, is swart, wit en groen. Varsgemaalde swartpeperkorrels is altyd 'n gelukkige keuse; die gekoopte gemaalde peper is nie naasteby so vol geur nie. Witpeperkorrels (die binneste kern van die korrels) is effens flouer van smaak as swartpeper.

Groen peperkorrels is die sagte korrels wat geoes word voor die peperkorrels ryp is en het 'n kenmerkende bytsmakie. Groen peperkorrels word ingemaak in flesse en blikkies bemark en word meestal in souse gebruik.

Mosterd is nog iets waarmee 'n mens versigtig moet wees. Daar is 'n verbysterende keuse. Dijon-mosterd word wêreldwyd erken as die beste vir alle doeleindes. Engelse mosterd is baie skerper en hiermee moet 'n mens in jou pasoppens wees – net 'n titseltjie is gewoonlik genoeg as jy nie nie jou gaste se tonge wil verbrand nie.

Varkribbetjies gemarineer in Heuning-glans met kruie (bladsy 22)

VLEIS **21**

SEWE SPESERYE-MENGSEL

Hierdie mengsel is 'n taamlike skerp oppervlak-geurmiddel. Gebruik dit spaarsaam en vee die oortollige speserye af voor jy die vleis braai. Voeg agterna 'n bietjie sout by.

2 gedroogde lourierblare, fyn verkrummel
30 ml gemaalde swartpeper
10 ml gerasperde neutmuskaat
10 ml gemaalde paprika
10 ml gemaalde kaneel
10 ml gedroogde orego
5 ml gemaalde kruienaeltjies

Kombineer die bestanddele in 'n fles met 'n skroefdeksel, skud om te meng en bêre op 'n koel donker plek. Die mengsel bly tot 4 weke lank vars. Dit kan tot 6 maande lank bevries word.
Lewer sowat 80 ml

GEBRANDE BRAAISPESERYE

'n Verleidelike speserymengsel om in vleis in te vryf voor dit gebraai word. Voeg 'n ligte strooiseltjie sout net voor bediening by.

15 ml komynsaad
10 ml heel koljandersade
10 ml heel kardamomsade
10 ml swartpeperkorrels
10 ml gedroogde jenewerbessies
6 heel kruienaeltjies
5 ml gedroogde knoffelvlokkies
5 ml gemaalde borrie

Kombineer die komyn, koljander, kardamom, peperkorrels, jenewerbessies, naeltjies en knoffel in 'n braaipan. Rooster sowat 3 minute in die pan oor matige hitte; skud die pan gedurig tot die speserye lig verbruin en aromaties is en roer dan die borrie by. Stamp die mengsel met vysel en stamper. Skud in 'n sif en blaas die doppies weg. Bêre in 'n fles met 'n skroefdeksel. Gebruik binne 4 weke, of bevries tot 6 maande.
Lewer sowat 50 ml

KNOFFELBOTTER

Botter, knoffel en suurlemoensap – die ideale mengsel om enigiets van groente tot seekos of hoender te bedruip. Kruie voeg iets spesiaals by. Gebruik enige van jou gunstelinge, vars gepluk en fyn gekap. Hou byderhand – tot 'n week in die koelkas, of bevries vir etlike maande.

3–4 huisies knoffel, gepers
200 g botter
fyn gerasperde skil en sap van 1 suurlemoen
sout en gemaalde swartpeper
30 ml gekapte pietersielie

Braai die knoffel so 'n minuut lank in die warm botter en meng dan die suurlemoenskil en -sap en geurmiddels by. Haal van die plaat af en roer die gekapte pietersielie by.
Lewer 250 ml

VARIASIE
Vir ekstra kleur en 'n gewaagde skop, meng sowat 30 ml sojasous of Worcestershire-sous by.

HEUNING-GLANS MET KRUIE

'n Delikate ongekookte mengsel met 'n subtiele invloed op hoender, vark-, kalfs- en lamsvleis.

340 ml-bottel bier
125 ml appelsap
125 ml sonneblomolie
80 ml heuning
60 ml dragon- of wynasyn
30 ml Dijon-mosterd
1 klein ui, baie fyn gekap
takkies vars dragon
15 ml gekapte pietersielie

Kombineer die bestanddele in 'n klein kastrol (of bak vir die mikrogolfoond). Verhit net lank genoeg om die heuning te laat smelt. Marineer die vleis verskeie ure lank – hoender minstens 12 uur – om die delikate geur goed te laat intrek.
Lewer sowat 700 ml

PERSKE-MARINADE EN BEDRUIPSOUS

'n Marinade en bedruipsous met 'n lieflike streelsmakie vir vleis soos hoender, vark- en kalfsvleis wat om iets soeterigs vra – selfs ook filetskyf en lamtjops.

1 klein ui, fyn gekap
2 huisies knoffel, gepers
60 ml olyfolie
250 ml halfsoet witwyn
125 ml perske-nektar
60 ml medium sjerrie
30 ml blatjang
30 ml asyn
30 ml mosterd, nie skerp nie
5 ml sout

Versag die ui en knoffel in olyfolie in 'n klein kastrol. Meng die oorblywende bestanddele by, bedek en laat sowat 5 minute prut. Laat afkoel voor die mengsel gebruik word as marinade en as bedruipsous tydens braai. Verhit oorblywende mengsel en bedien as sous.
Lewer sowat 600 ml

MEDITERREENSE LEMOENSOUS MET KRUIE

'n Bedruipsous met 'n sitrus-geur en veral geskik vir vis, hoender, vark- of kalfsvleis.

80 ml olyf- of sonneblomolie
gerasperde skil van 1 lemoen
sap van 3 lemoene
gerasperde skil en sap van 1 suurlemoen
6–8 lemoen- of suurlemoenblare, gekneus
2 huisies knoffel, gekap
15 ml grasui, gesnipper
15 ml gekapte pietersielie
paar takkies vars orego of 5 ml gedroogde orego
sout en gemaalde swartpeper

Kombineer al die bestanddele deeglik en bedruip voor en tydens braai.
Lewer sowat 200 ml

MANDARYN-MARINADE

Oosterse aksente van soet en suur, van knoffel en gemmer, oorheers in hierdie mengsel van geure wat beesvleis, ribbetjies en hoender laat brul van geur. Moenie vleis te lank marineer nie, hoewel hoender oornag daarin kan lê.

60 ml sonneblomolie
1 ui, fyn gekap
2 huisies knoffel, gepers
10 ml fyn gekapte gemmerwortel
  of 5 ml gemaalde gemmer
125 ml lemoensap
80 ml wynasyn
45 ml sojasous
45 ml tamatiesous
30 ml droë sjerrie
30 ml bruinsuiker

Verhit olie en soteer die ui, knoffel en gemmer tot sag en net begin verbruin. Voeg res van bestanddele by en laat 5 minute prut. Laat afkoel voor gebruik.
Lewer sowat 375 ml

TOWER-MARINADE EN BEDRUIPSOUS

'n Smaaksensasie, veral vir beesvleis, lamsvleis en hoender.

1 ui, in dun skywe gesny
2 huisies knoffel, gepers
60 ml sonneblomolie
125 ml wynasyn
125 ml droë rooiwyn
125 ml tamatiesous
125 ml lemoensap
45 ml heuning of 45 ml bruinsuiker
45 ml Worcestershire-sous
5 ml paprika
10 druppels Tabasco
1 klein suurlemoentjie, in dun ringe
sout en gemaalde swartpeper

Braai die ui en knoffel in olie tot sag, roer die res by, bedek en laat sowat 15 minute prut. Verwyder die suurlemoenskyfies en laat marinade afkoel voor gebruik.
Lewer sowat 650 ml

Mediterreense lemoen-bedruipsous met kruie (bladsy 22)

Gemarineerde beesfilet (bladsy 25) bedien met Vye in spekvleis (bladsy 74)

BEESVLEIS

Beesvleis kan die allerbeste of die ergste braaivleis wees. Dit stel nie net groot eise aan die vaardigheid van die braaier nie, maar verg ook meer as net 'n skamele kennis van die keuse, ryp maak en voorbereiding van die snit. (Vir meer besonderhede hieroor, sien bl. 19.)

Verskeie snitte is ideaal vir braai; filet (heel of in skywe), biefstukke soos kruisskyf, lendeskyf, T-beenskyf, porterhouse (entrecôte), klubskyf, en die goedkoper voorkwart-snitte soos oogspier/voorrib, prima-rib en platrib. Die goedkoper snitte moet liefs gemarineer word en kan voor die braai halfgaar gemaak word.

Die ideale dikte vir skywe en tjops is 2–3 cm, wat 'n bros buitelagie en sagte, sappige binneste gee. Dunner skywe en tjops is geneig om oor die kole uit te droog en is dan taai en onsmaaklik.

Sny die vleis reg voor die braai; verwyder senings en oortollige vet. Keep die buitenste vetrandjie op 5 cm-afstande in, en verf met olie sodat die vleis nie aan die rooster vassit nie.

Geur die vleis net voor jy dit braai of net nadat dit verbruin het. Dit sorg dat die speserye nie die vleissappe uittrek nie. Marineer of bedruip na keuse – resepte begin op bl. 22.

Braai beesvleis baie vinnig oor kole wat woedend warm is – probeer jy dit stadig gaar maak oor kole wat aan die vrek is, sit jy met 'n skoensool. Die beste skyf word bederf as dit te lank voor bediening warm gehou word. Dit is nogal 'n probleem wanneer 'n mens ook ander vleissoorte en snitte braai wat langer, stadiger gaar maak verg. Los die probleem op deur 'n tweede vuur aan die gang te hou om kwaai kole vir die skywe te voorsien.

Verseël die vleis vinnig deur dit aan albei kante te skroei en keer dit dikwels genoeg om om te voorkom dat daar borreltjies vloeistof op die bokant vorm. Bedien biefstuk onder- of lig mediumgaar, en laat rus groter snitte 'n paar minute voor jy dit net voor bediening teen die draad in dik skywe voorsny.

GEMARINEERDE BEESFILET

Filet is die koning van braaivleis. Marineer dit vir 'n subtiele geur en braai tot perfeksie. Vir die sagste vleis, vra jou slagter om dit in vakuum-pakkies te verseël en hou dit so 2 weke in die koelkas voor jy dit braai.

1,5 kg–2 kg heel beesfilet
sout en gemaalde swartpeper

MARINADE
60 ml sonneblom- of olyfolie
125 ml lemoensap
3 dun repe spekvleis, fyn gekap
30 ml Worcestershire-sous
125 ml droë witwyn
2 huisies knoffel, gepers
15 ml gekapte pietersielie
 of 5 ml gedroogde pietersielie
10 ml gekapte marjolein
 of 1 ml gedroogde marjolein
sap van 1 klein suurlemoentjie
gemaalde swartpeper

Sny die filet reg en plaas in 'n geskikte glas- of porseleinbak. Meng die marinade en giet dit oor die vleis. Laat 3–4 uur by kamertemperatuur (of oornag in die koelkas) marineer. Hou dop en keer die vleis af en toe om.

Sodra die kole baie warm is, haal die filet uit die marinade, tik droog met kombuispapier, en geur met sout en peper. Verbruin goed oor baie warm kole, en stel dan rooster 'n bietjie hoër sodat die vleis stadiger kan braai. Bedruip dikwels met die oorblywende marinade.

Jou filet sal binne sowat 40 minute lig mediumgaar wees (interne temperatuur 60 °C). Laat dit 'n bietjie langer braai as jy goedgaar filet verkies; vir ondergaar vleis haal jy dit vroeër van die rooster af. Laat die filet 'n paar minute rus en sny dit dan in dikkerige skywe. Bied aan met 'n sous van jou keuse, met gebakte aartappels met suurroom en 'n strooisel gesnipperde grasui.
Genoeg vir 6–8

KNOFFEL T-BEEN

Mense wat gek is na knoffel, sal hulle verlustig aan hierdie gereg. As hul stelsels en ander se neuse dit kan hou, bedien Knoffel oor die kole (bl. 78) as toekos.

4 T-beenskywe
1 groot huisie knoffel, geskil en
 gehalveer
sout en gemaalde swartpeper

KNOFFELBOTTER
125 g sagte botter
3–4 huisies knoffel, gepers
goeie skoot suurlemoensap
gemaalde swartpeper

Meng die bestanddele vir die knoffelbotter, rol die mengsel in 'n worsie en draai toe in waspapier. Verkil tot hard.

Vryf die oppervlakke van die skywe met die gesnyde knoffelhuisie en geur met volop peper. Braai oor matig warm kole tot gaar, en geur met sout nadat die vleis verbruin het. Sit 'n ringetjie knoffelbotter bo-op en bedien.
Genoeg vir 4

BIEFSKYF MET BLOUKAAS-VULSEL

Gebruik jou gunsteling skywe vir hierdie resep. Die gestopte skywe kan tot 'n dag lank in die koelkas gehou word.

4 skywe, 3–4 cm dik
sout en gemaalde swartpeper

VULSEL
120 g bloukaas, fyn verkrummel
20 ml sagte mosterd (nie skerp nie)
skootjie suurlemoensap
30 ml gekapte pietersielie
　of 2 ml gedroogde pietersielie
2 snye brood, verkrummel

Sny 'n beursie in die lengte van elke skyf. Geur die binnekant van die beursies met sout en peper. Meng die vulsel, vul die beursies en steek toe met tandestokkies.

Braai die skywe vinnig brosbruin aan albei kante oor baie warm kole, braai dan verder oor sagter hitte tot so gaar soos verlang; geur met sout en peper sodra verbruin. Verwyder die tandestokkies en sit voor met wiggies suurlemoen.
Genoeg vir 4

VARIASIE
As jy nou nie juis dol is oor bloukaas nie, kan jy gerasperde mozzarella in plaas daarvan gebruik.

KRUISSKYF MET OLYF- EN ANSJOVISBOTTER

'n Kragdadige behandeling vir geurryke kruisskyf. Die ansjovis-botter kan tot 'n week lank in die koelkas gehou word, en kan ook met welslae bevries word.

4 dik kruisskywe
sout en gemaalde swartpeper
olyfolie

OLYF- EN ANSJOVIS-BOTTER
125 g sagte botter
10 swart olywe, ontpit
6 ansjovis-filette

Woer al die bestanddele vir die botter in 'n verwerker, en geur met gemaalde swartpeper. Verkil tot benodig.

Geur die vleis met peper en verf met olyfolie. Braai oor warm kole tot verbruin en gaar genoeg; keer dikwels om. Bedien die skywe dadelik so van die rooster af, met 'n klontjie van die geurbotter bo-op.
Genoeg vir 4

INDONESIESE SATAY

Satay, met sy sterk speserye-skop, is die voorloper van ons geliefde sosatie. Bief, lamsvleis of wildsvleis is die beste vir hierdie resep. Varkvleis en hoender kan ook gebruik word, maar die speserye sal die smaak van die vleis oorheers.

1 kg maer vleis
sout

INDONESIESE MARINADE
60 ml sonneblomolie
1 ui, fyn gekap
5 ml geperste knoffel
2 ml rooi masala of
　brandrissie-poeier
15 ml grondboontjiebotter
10 ml gemaalde borrie
5 ml bruinsuiker
45 ml sojasous
15 ml suurlemoensap
200 ml water

Sny die vleis teen die draad in dun skyfies. (Maklikste wanneer die vleis halfbevrore is, aangesien skyfies sowat 5 mm dik moet wees.)
MARINADE Verhit die olie in 'n klein kastrolletjie; versag die ui en knoffel daarin. Roer die oorblywende bestanddele by, bedek en laat sowat 5 minute prut. Laat afkoel en giet oor die repies vleis; meng aan. Bedek en laat minstens 2 uur marineer. Ryg repies vleis op dun bamboespenne in. Behou marinade; herverhit en bedien dit as 'n heerlike sous. Braai die satay oor warm kole en keer gedurig om om egalig brosbruin van buite te braai. Strooi sout liggies oor net voor bediening met rys en die marinade-sous.
Genoeg vir 6

BOERE-BURGERS

Smaaklik, ekonomies en veelsydig. Hierdie burgers kan 1–3 dae vooruit berei word en kan (met velle waspapier tussen-in) in die koelkas of tot 6 maande lank in die vrieskas gehou word.

1 kg gemaalde beesvleis
1 ui, baie fyn gekap
1 eier, lig geklits
1 vet huisie knoffel, gepers
30 ml gekapte pietersielie
　of 10 ml gedroogde pietersielie
5 ml sout
gemaalde swartpeper

Kombineer al die bestanddele en fatsoeneer in 8 plompe frikkadelle – effens groter as die ronde broodrolletjies, want die vleis sal krimp. Werk liggies; as die frikkadelle te styf saamgepers word, is die burgers taai.

Verf 'n skarnier-rooster mildelik met olie en pak die frikkadelle daarin. Skroei vinnig aan weerskante oor warm kole, maak dan verder stadiger gaar. Keer af en toe om. Sowat 15 minute behoort lank genoeg te wees, aangesien burgers op hul sappigste is as hulle nog effens pienk van binne is. Bedien in warm broodrolletjies gesmeer met botter. Vir garneerplanne, sien die lys op bladsy 27.
Lewer 8

VARIASIES
EKONO-BURGERS Niks keer jou om 'n kulkunstenaar te word om die begroting te rek nie. Voeg 250 ml vars broodkrummels by die basiese bestanddele.

SKOP-BURGERS 'n Tikkie Worcestershire- of sojasous, blatjang of mosterd of 'n bietjie droë speserye (probeer kerriepoeier, komyn, wonderpeper of neutmuskaat) gee ekstra lewe aan enige burger.

KAASBURGERS Voeg 250 g gerasperde cheddar, 30 ml aangemaakte mosterd en 5 ml paprika by.

HAWAII-BURGERS Terwyl die burgers braai, rooster vars of ingemaakte pynappelringe eenkant en klap 'n pynappelring saam met die burger in die broodjie toe.

HAMBURGER-GARNERING
- [ ] Koel, bros kopslaai-blare
- [ ] Snye kaas of gerasperde kaas
- [ ] Snye tamatie of groen soetrissie-ringe
- [ ] Uieringe, rou of gebraai
- [ ] Skywe swart sampioen, gebraai met 'n spatsel Worcestershire-sous
- [ ] Suurtjies en piekels, mosterd, blatjang, tamatiesous
- [ ] Brosgebraaide stukkies spekvleis, of gebakte eier en spekvleis
- [ ] 'n Strooisel vars uitgeloopte saad
- [ ] Vars waterkers of koljander-takkies
- [ ] Fyngedrukte avokado gegeur met sout, peper en suurlemoensap
- [ ] Bloukaas en roomkaas glad vermeng met 'n bietjie olyfolie, suurlemoensap en gemaalde swartpeper, met 'n handvol neute dan bygevoeg vir 'n bros tekstuur
- [ ] Een van die souse in hierdie boek, bv. Gekruide tamatiesous (bl. 68), Braai-sous of Vinnige satay-sous (bl. 69).

Indonesiese satay (bladsy 26)

VLEIS **27**

Wildsvleis met pietersielie-smeer (bladsy 29), met gekruide lemoenslaai (bladsy 71)

WILDSVLEIS

Die beste wildsvleis kom van diere jonger as twee jaar, en die sagste snitte van die agterkwart, lende en saal. Hierdie snitte kan heel gebraai word of opgesny word in skywe en tjops.

Wildsvleis is geneig om droog te wees en, indien nie goed ryp gemaak nie, taamlik taai ook. Die gewone rypmaakproses is om die binnegoed te verwyder en die karkas met die vel aan 1–3 weke te laat hang in 'n koelkamer by 'n ideale temperatuur van 3–5 °C.

Marineer help ook om wildsvleis sag te maak. Groot snitte kan verskeie dae lank gemarineer word; kleiner stukke soos tjops en skywe vir 4–5 uur. Gebruik een van die marinades (bl. 22 e.v.) of sommer net ongegeurde karringmelk. Dit is nie nodig om jong wild te marineer nie; dit kan inderdaad die delikate geur oorweldig – bestryk net met olie of geurbotter.

Lardeer voeg sappigheid by tot diep in die vesels. Stop die vleis met repies varkspek of streepspek. Gebruik 'n lardeernaald om die stopsels met die draad in te druk. Sny die vleis agterna op in tjops en dikkerige skywe.

Bardeer beteken om die vleis van buite af te behandel deur dit te bedek met 'n lagie spek of spekvleis vasgebind met tou. Dit verleen ook sappigheid aan die vleis, maar is nie heeltemal so doeltreffend as lardeer nie. Puriste gebruik ook niks anders as 'n stuk netvet nie – die fyn, kantagtige vet rondom die pens en binnegoed van varke, skape en wildsbokke. Dit klou goed vas om die braaisnit en smelt geleidelik om die vleis te bedruip en te geur.

'n Ware jagtersgunsteling is die murg van die skeenbeen van groter wildsbokke soos gemsbok of koedoe. Die murgbene word net so tussen die kole gebak vir 30 minute of langer as jy wil – dit kan nie oorgaar word nie. Tik die as af, kap die murgbene oop en bedien die murg op warm roosterbrood of met oopgesnyde gebakte aartappels.

Die resepte wat volg, is spesiaal vir wild, maar baie van die bees- en lamsvleisrespte is ook geskik.

WILDSVLEIS MET PIETERSIELIE-SMEER

Braai 'n homp wildsvleis gesmeer met 'n pasta van vars pietersielie en botter, en sny dan in dik skywe op.

1,5 kg heel wildsvleis (kruis of filet)
sout en gemaalde swartpeper

PIETERSIELIE-SMEER
50 g (50 ml) sagte botter
45 ml gekapte pietersielie
 (nie gedroogde pietersielie nie)
3–4 huisies knoffel, gepers
gemaalde swartpeper

Meng al die bestanddele van die pietersielie-smeer. Reserveer die helfte vir latere gebruik as bedruipmiddel. Kerf plek-plek snitjies in die vleis en druk klontjies van die pietersielie-mengsel daarin. Verhit die res van die mengsel net genoeg om die botter te smelt om die vleis te bedruip terwyl dit braai.

Geur die vleis met sout en peper en verbruin goed oor warm kole; keer om om alkante te verseël. Braai tot mediumgaar van binne en bedruip dikwels. 'n Binne-temperatuur van 60 °C op 'n vleistermometer is omtrent reg.

Laat die vleis sowat 5–10 minute lank op 'n warm plek rus voor jy dit voorsny.

Drup van die oorblywende pietersielie-mengsel daaroor en bedien met 'n sous van jou keuse.
Genoeg vir 6–8

ONTBEENDE WILDSBOUD

'n Jong, klein dier is die beste vir hierdie resep. Springbok, steenbok, rooibok, ribbok, bosbok, blesbok en duiker is geskik.

1 wildsboud
6 huisies knoffel, geskil en in dun
 skyfies gesny
100 g swoerdlose streepspek vir
 lardeer, in stukkies gesny
Sewe Speserye-mengsel of
 Gebrande braaispeserye (bl. 22)
groot stuk netvet of gesmelte botter
sout

Met 'n skerp mes, sny teen die been af. Verwyder die been, sit die vleis plat neer en maak snitte daarin om dit min of meer ewe dik te kry. Maak klein snitjies om die knoffel en spekvleis in te druk. Vryf die vleis in met die speserymengsel en draai toe in die netvet.

Braai oor matig warm kole en keer gereeld om terwyl jy met gesmelte botter bedruip as jy nie netvet gebruik het nie. Dit vat sowat 30 minute om gaar te word, afhangende van die grootte van die boud en hoe gaar jy dit wil hê. Laat dit sowat 20 minute op 'n warm plek rus voor dit voorgesny word.

Verwyder die netvet en sny die vleis op in dik skywe. Geur met 'n bietjie sout en bedien met aartappels en 'n sous van jou keuse.
Genoeg vir 8–10

Lamslende met knoffel en roosmaryn (bladsy 31) voorgesit met Ratatouille (bladsy 81) en Knoffel op die kole (bladsy 78)

LAMSVLEIS

Ai, die feeste van die verlede wat in my gedagtes herleef as ek aan lam oor die kole dink ... van heel spitgebraaide lam, sappige tjops, bros ribbetjies, vlinder-lamsboud, smulsagte lende, geurige sosaties en kebabs ...

Die sagtheid van lamsvleis verbeter met ryp maak. Kies groot snitte met 'n goeie vetlagie (nie tjops nie, hulle sal net uitdroog), vee af met 'n asynlap en sit die lamsvleis onbedek op die rak in koelkas om 2–5 dae te verouder.

Die gewildste snitte vir braaivleis is dié van die rib en lende (in tjops opgesny, of in een stuk as die hele saal), boud (heel, ontbeen of in tjops gesny), dikrib, kruis ('chump', wat die beste tjops lewer) of 'n hele blad, wat stadig gebraai moet word.

Individuele tjops moet taamlik dik wees – sowat 2 cm is perfek. Dunner tjops droog uit oor die kole. Keep die vetrandjie plek-plek en geur die tjops net voor jy hulle begin braai of net na verbruining. Skep 'n smaakavontuur met jou gunsteling kruie. Lamsvleis is ook baie geskik vir marineer.

Gaar lamsvleis is op sy sagste en sappigste wanneer dit nog pienkerig in die middel bedien word en veel geuriger as goedgaar lamsvleis.

LAMTJOPS MET KRUISEMENT

'n Geurtjie van ment verhef lamsvleis tot nuwe hoogtes, en word hier as integrale deel van die pikante marinade gebruik.

**6–8 dik lamtjops, enige soort
sout en gemaalde swartpeper
kruisement-jellie en -takkies vir garnering**

MENT-MARINADE
**60 ml kruisement-jellie
15 ml gekapte kruisement
 of 5 ml gedroogde kruisement
30 ml sonneblom- of olyfolie
skootjie suurlemoensap**

Meng die bestanddele vir die marinade in 'n klein kastrolletjie en verhit om die jellie te smelt. Giet oor die tjops, bedek en laat verskeie ure in die koelkas marineer – oornag, as jy wil.

Geur die tjops liggies met sout en peper en braai dan oor warm kole, so 3–5 minute aan elke kant afhangende van die dikte; die vleis moet nog pienkerig aan die binnekant wees. Bedruip met die marinade terwyl die tjops braai.

Garneer met takkies vars kruisement en bedien dadelik met ekstra ment-jellie.
Genoeg vir 4–6

LAMSLENDE MET KNOFFEL EN ROOSMARYN

'n Opspraakwekkende gereg wat perfek gaar gemaak kan word op 'n oop rooster of onder 'n kap.

**1 hele lamslende (1–3 tjops per eter)
fyn snytjies vars knoffel
takkies vars roosmaryn
sout en gemaalde swartpeper
olyf- of sonneblomolie om te bedruip**

Vra jou slagter om vir jou die bene deur te saag sodat jy na die braai makliker die lende kan voorsny in tjops. Steek 'n flentertjie knoffel in die dik deel van elke tjop en prop 'n takkie roosmaryn tussen elke tjop en sy buurman. Geur die vleis met sout en peper.

Verbruin vinnig oor warm kole, en maak dan verder oor matige hitte gaar; keer af en toe om. So 50–60 minute behoort lank genoeg te wees vir vet vleis; 'n maer snit met kleiner tjops word gouer gaar. (Interne temperatuur van so 65–70 °C.) Dis heeltemal in orde en soms verkieslik om sommer van die rooster af te begin voorsny. Bedien die gaste wat hul vleis pienkerig van binne verkies die eerste, terwyl ander wat goedgaar vleis verkies 'n bietjie wag.

VLINDER-LAM

Vir 'n spesiale feesmaal, ontbeen 'n lamsboud (bl. 32). Braai dit tot sappige perfeksie met 'n heerlike bros braailagie van buite, en versier met roosmaryn.

**2 kg lamsboud, ontbeen
 (lewer sowat 1,5 kg pure vleis)
sout en gemaalde swartpeper
sonneblomolie
takkies roosmaryn vir garnering**

LEMOEN-BEDRUIPSOUS MET ROOSMARYN
**125 ml olyfolie
125 ml droë witwyn
gerasperde skil en sap van 1 lemoen
2 huisies knoffel, gepers
30 ml roosmarynnaalde
 of 10 ml gedroogde roosmaryn
30 ml gekapte pietersielie
 of 10 ml gedroogde pietersielie**

Keep die vet in 'n diamantpatroon en geur die vleis met sout en peper. Verhit die rooster en verf met olie. Verf die vleis ook liggies sodat dit nie sal vassit nie. Meng die bedruipsous.

Verbruin en verseël die vleis aan alle kante oor warm kole. Bedruip kwistig, stel dan die rooster hoër bo die kole en braai verder oor sagter hitte. Sorg dat die tempo van gaar word volgehou word deur ekstra kole by te voeg of die rooster te laat sak as die kole begin uitbrand. Keer die vleis dikwels om en bedruip dikwels tydens die gaarmaaktyd (50–60 minute). Op 'n vleistermometer beteken 65–70 °C mediumgaar vleis, nog pienkerig binne in die dikker dele. Braai 'n bietjie langer as dit goedgaar verkies word.

Laat die vleis sowat 10 minute lank op 'n warm plek rus voor dit teen die draad in dik snye voorgesny word.

Garneer met takkies roosmaryn.
Genoeg vir 6–8

VARIASIE
Pleks van bedruip met marinade, gebruik 'n glanssous (resep bl. 32) teen die einde van die braaityd.

APPELKOOS-GLANS

400 g-blik appelkose, gedreineer (bewaar stroop)
60 ml appelkoosstroop (uit die blik)
60 ml olyfolie
30 ml gekapte kruisement of 10 ml gedroogde kruisement
2 ml sout
gemaalde swartpeper

Meng die bestanddele in 'n voedselverwerker tot glad. Verf die lamsvleis soos dit braai met die verglansing.

OM LAMSBOUD TE ONTBEEN

'n Ontbeende snit beteken makliker voorsny, en ontbening verkort ook die die gaarmaaktyd van snitte wat eintlik meer geskik is vir die oond, veral as jy dit onder 'n kap oor die kole braai.

Dis eintlik baie maklik om 'n stuk vleis te ontbeen, veral as die vleis goed verkil is. Jou slagter sal dit met graagte vir jou doen, maar hier is 'n paar wenke as jy self moet inspring. 'n Taamlike kort, vlymskerp mes is noodsaaklik. Kies een met 'n spits punt en ferm, smal lem. Begin sny waar die been sigbaar is, werk met kort hale soos jy die vleis netjies wegskraap van die been.

1. Sny die skeen van die res van die boud af.
2. Verwyder die bekkenbeen, beginnende by die kruis-kant.
3. Om die murgbeen te verwyder, sny deur die vleis oor die been, skraap die omringende vleis weg, en trek die been uit.

LAMSROL MET PYNAPPELVULSEL

Werklik feestelik, maar dit kos geduld en volop kole. Dis wenslik om die rol onder 'n kap te braai, maar nie noodsaaklik nie.

2,5 kg lambsboud, ontbeen (lewer 2 kg pure vleis)
sout en gemaalde swartpeper

PYNAPPEL-VULSEL
1 klein ui, fyn gekap
30 g (30 ml) botter
400 g-blik fyn pynappel, goed gedreineer (reserveer stroop vir die bedruipsous)
250 ml vars broodkrummels
30 ml gekapte kruie (pietersielie, tiemie, marjolein) of 5 ml gedroogde gemengde kruie
2 ml sout
gemaalde swartpeper

PYNAPPEL-BEDRUIPSOUS
gereserveerde pynappelstroop
50 g (50 ml) botter

Soteer die ui in die botter in 'n middelslag kastrol en kombineer dan met res van die vulsel-bestanddele. Laat die ontbeende vleis plat lê en geur met sout en peper. Sprei die vulsel daarop, rol op en bind stewig vas met tou op afstande van sowat 5 cm.

Meng die bedruipsous-bestanddele in 'n kastrolletjie; verhit tot botter smelt.

Verbruin die vleis vinnig aan alle kante oor warm kole, braai verder oor sagter hitte tot gaar (interne temperatuur 65–70 °C). Bedruip af en toe tydens braai. Laat 10 minute op 'n warm plek rus voor rol in dik skywe voorgesny word.
Genoeg vir 8–10

SIAMESE SATAY

Sagte flenters vleis ingeryg op 'n pen, en met 'n sterk Oosterse invloed, maar nie so skerp gekrui soos Indonesiese satay nie.

1 kg maer ontbeende lamsvleis, hoender, varkvleis of kalfsvleis

SIAMESE MARINADE
250 ml klappermelk*
30 ml gemaalde amandel
5 ml gekneusde gemmerwortel of 2 ml gemaalde gemmer
5 ml gemaalde koljander
5 ml gemaalde borrie
5 ml suiker
5 ml sout
gemaalde swartpeper

* Te koop in blikkies of in poeiervorm. Jy kan dit ook self aanmaak: Meng 200 ml droë klapper met 300 ml warm water in 'n verwerker of menger, en syg of giet deur.

Sny die vleis teen die draad in skyfies omtrent 5 mm dik – maklikste as die vleis halfbevrore is. Meng al die marinade-bestanddele en meng die vleisstukkies deeglik daarin aan. Bedek en sit opsy op 'n koel plek of in die koelkas om 'n paar uur te marineer. Hierdie stap kan 8 uur tevore afgehandel word.

Vou die flentertjies vleis netjies en ryg hulle aan dun bamboespenne om dig gepakte, egalige kebabs te vorm. Braai oor warm kole (10–15 minute) en keer dikwels om om egalig bruin te braai. Sit voor met Vinnige satay-sous (bl. 69).
Lewer 6–8 kebabs

SJISJ-KEBABS

Hierdie resep met sy skop van speserye is so na moontlik aan die oorspronklike Turkse manier, maar is darem nie heeltemal so kwaai gekrui nie. Bedien met rys.

1 kg maer, ontbeende lamsvleis (van die lende of boud)
16 klein kersie-tamaties
16 knoppie-sampioene
2 groen soetrissies, in stukke gesny

MARINADE

60 ml olyfolie
60 ml wynasyn
125 ml droë witwyn
3 huisies knoffel, gepers
3 cm-stokkie kaneel, verkrummel
1 lourierblaar
1 takkie dragon
 of 5 ml gedroogde dragon
1 ml mosterdsaad
1 ml gemaalde wonderpeper
1 ml gemaalde koljander
1 ml gemaalde gemmer
sout en gemaalde swartpeper

Meng al die marinade-bestanddele. Sny die vleis in klein, ewe groot blokkies en meng aan in marinade. Bedek skottel en hou 24–48 uur in die koelkas; keer vleis af en toe om.

Dreineer die vleis; reserveer die marinade vir gebruik as bedruipsous. Ryg die vleisblokkies op 8 sosatiestokkies in, met die tamaties, sampioene en stukkies soetrissie tussen-in.

Braai oor matig tot warm kole (sowat 20–25 minute); bedruip en keer gereeld om sodat dit egalig braai.

Genoeg vir 8

SOSATIES

Smeltsagte, watertandgeurige happies op 'n stokkie en die siel van enige braai.

1 groot lamsboud (sowat 2,5 kg), ontbeen, reggesny, in blokkies
125 g gedroogde appelkose
stuk skaapvet of repe spekvleis

MARINADE

2 groot uie, geskil en in kwarte gesny
125 ml wit asyn
375 ml droë rooiwyn
12 suurlemoenblare, gekneus vir geur
15 ml bruinsuiker
45 ml kerriepoeier
30 ml gemaalde koljander
10 ml sout
5 ml gemaalde wonderpeper
2 ml gemaalde kaneel
2 ml gemaalde komyn
1 ml gemaalde kardamom
gemaalde swartpeper

Kombineer die marinade-bestanddele in 'n middelgroot kastrol, bedek en laat 5 minute prut. Laat afkoel en giet oor die blokkies vleis; meng deeglik aan. (Gebruik 'n skottel van emalje, glas of vlekvrye staal.) Bedek en marineer 3–5 dae in die koelkas; keer elke dag die vleis 1–2 maal om.

Voor die sosaties ingeryg word, sit die appelkose in 'n klein bakkie, giet kokende water oor en laat 'n uur of wat uitswel.

Sny die skaapvet in dun repies, ryg saam met vleisblokkies, appelkose en stukkies ui (uit die marinade) op die stokkies in. Laat die sosaties tot braaityd in die marinade lê.

Braai oor warm kole (15–20 minute) en bedruip met die oorblywende marinade. Die blokkies lamsvleis moet nog pienk en sappig in die middel wees.

Lewer sowat 16 sosaties

WENKE
- Die stukkies vet langs die vleisblokkies verleen die nodige sappigheid aan die vleis. Vet afgesny van skaapniertjies is die beste, maar dun gesnyde repies vet spekvleis kan ook gebruik word.
- Vir die egte sosatie-geur, is 'n lang marineer-tydperk noodsaaklik.
- Oorgaar braai ruïneer sosaties!

BEREI VOORUIT
Sosaties kan met welslae bevries word, maar doen dit eers na die marineer. Onthou: Die kerriegeur verflou na sowat 8 weke in die vrieskas.

SOUTRIBBETJIES

Brosgebraaide lamsribbetjies is 'n geliefde tradisionele gereg. Sommige mense meen dat die ribbetjies vooraf halfgaar gekook moet word om die braaityd te verkort en die vleis sagter te maak — maar daar is darem 'n verlies aan geur.

1,5–2 kg lamsribbetjies, in een stuk
15 ml heel koljander
60 ml growwe sout
10 ml bruinsuiker
2 ml salpeter

Sny oortollige vet van die ribstuk af en keep die res van die vet sodat dit goed kan uitbraai.

Brand die koljandersaad in 'n droë kleefvrye pan en skud gedurig tot aromaties en lig verbruin. Stamp baie fyn en meng met die sout, suiker en salpeter. Vryf die mengsel in die oppervlak van die vleisstuk in en laat verskeie ure in 'n trek hang om winddroog te word. Week die vleis 30 minute lank in koue water om ontslae te raak van enige oortollige geurmiddels. Dit is nou reg vir braai.

Jy sal genoeg kole nodig hê vir omtrent 'n uur se braai. Begin braai met die rooster hoog bokant die kole opgestel tot die vleis net effens verbruin het. Laat sak die rooster en braai verder nader aan die kole soos hulle kwyn, en die resultaat sal heerlik sag wees. Sny die bros ribbes in vingers en bedien met wiggies suurlemoen of 'n lekker sous.

Genoeg vir 4, vir meer as voorgereg

Glans-ham met pynappel (bladsy 35)

VARKVLEIS

Op varkplase word die varke in hokke aangehou, en kry hulle nie juis baie oefening wat die spiere ontwikkel nie. Dit is een van die redes dat varkvleis so heerlik sag is. Varkvleis wat deur munisipale slagpale geslag word, is heeltemal veilig; oorgaar maak is onnodig.

Varkvleis word egter nog gewoonlik goedgaar gemaak (interne temperatuur 75 °C) wanneer die vleis van binne glad nie meer pienkerig is nie en op sy sappigste en geurigste is. Dit is nie alte maklik om die binnetemperatuur van 'n tjop te kontroleer nie. Prik dus met 'n vleispen. Sodra die sappe helder uitloop, is die tjops goedgaar.

Nog 'n plan is om 'n hele ribstuk of lende op die kole te sit en dit na so 'n uur se braai in tjops te sny, wanneer jy maklik kan sien hoe gaar dit is.

Vir braai kan 'n mens kies uit die volgende groot stukke: rib, lende (heel of in tjops gesny), filet, afgerande ribbetjies, kruis, dikrib, boud (vir kebabs) en nek, wat heel gebraai of in skywe gesny kan word. Moenie jou tjops te dun sny nie; hulle sal uitdroog – so 2 cm dik is ideaal.

Geur die groot stuk vleis goed voor jy dit braai en vryf sout in die velrand vir die brosste resultaat. Varkvleis is baie geskik vir marinades en bedruipsouse, wat ook help om die vleis sappig te hou.

Ideaalweg moet die kole vir varkvleis matig tot koel wees. Stel die rooster nader aan die kole teen die einde van die braaityd om brosheid aan die velrand en karakter aan die vleis te verleen. Bedien met 'n vrugte-garnering vir 'n smaaklike kontrasgeur.

DIJON-VARKSKYWE

Sny ontbeende varknek op vir hierdie resep; die vleis is goed deurmarmer met vet en braai lieflik. Ontbeende varktjops kan ook gebruik word.

6–8 dik varkskywe
sout en gemaalde swartpeper
gemaalde komyn
30 ml Dijon-mosterd
30 ml bruinsuiker

Sny die skywe reg en geur met sout, peper en komyn. Meng die mosterd en suiker en reserveer.

Braai die skywe oor matige kole tot bros van buite en net deurgaar. 'n Paar minute voor die einde van die braaityd, smeer die mosterd-mengsel op elke skyf. Laat dit deurverhit tot dit borrel. Moenie hierna weer omkeer nie, of daardie heerlike mosterdlagie sal in die kole beland! Bedien dadelik.
Genoeg vir 4–6

VARKVLEIS MET MENT-APPEL

Hierdie resep bied 'n interessante aksent op die tradisionele geurkombinasie van varkvleis en appel.

4 vark-kotelette of -skywe, 2 cm dik
sout en gemaalde swartpeper
2 Granny Smith-appels
15 ml gekapte kruisement
of 5 ml gedroogde kruisement
60 ml Calvados, brandewyn,
appelwyn of appelsap

Sny vleis reg; geur met sout en peper. Skil, ontkern en sny appels in dun skywe. Smeer 4 stukke swaar foelie met botter. Skep appel en ment om die helfte op elke vel; sit die varkskywe bo-op. Sprei res van appel en ment op elk. Sprinkel die Calvados, brandewyn, appelwyn of -sap oor en verseël pakkies. Pak op rooster en bak oor matige kole (20–30 minute) tot deurgaar. Dis nie nodig om die pakkies om te keer nie. Bedien dadelik so uit die pakkies.
Genoeg vir 4

BEREI VOORUIT
Die pakkies kan tot 24 uur voor die braai berei en verseël en in die koelkas gehou word, maar nie langer nie.

GLANS-HAM MET PYNAPPEL

Gerookte hamskywe, Kasselse ribtjops of gerolde ham-skywe is almal ideaal vir hierdie jambon.

8 dik hamskywe
8 skywe vars of geblikte pynappel
8 maraschino-kersies (opsioneel)

HEUNING-GLANS MET SPESERYE
60 ml heuning
15 ml bruinsuiker*
30 ml asyn
15 ml suurlemoensap
2 ml gemaalde wonderpeper
5 ml mielieblom
30 ml sojasous

* Indien geblikte pynappel gebruik word, vervang suiker met stroop uit blik.

Kombineer die bestanddele vir die glans in kastrolletjie en laat opkook; roer deurentyd. Laat 'n minuut of wat prut tot helder en verdik. Laat afkoel.

Dompel die vleis en pynappel in die glanssous voor jy dit braai, en bedruip mildelik tydens braai. Die ham en pynappel is betreklik gou gaar, maar sorg dat hulle mooi verbruin word.

Om te bedien, garneer elke sny vleis met 'n stukkie pynappel en 'n kersie; voeg 'n takkie kruisement vir die mooi by. Verhit die oorblywende glans en bedien dit as sous.
Genoeg vir 8

VARKFILET MET SPEKVLEIS EN PIESANG

Varkfilet toegedraai in piesang en spekvleis is 'n fantastiese manier om dit sappig te hou. Dis nie so moeilik soos dit mag klink nie, en jou beloning is die sagste vleis met 'n heerlike vrugtesousie vasgevang in 'n brosgebraaide spekjassie. Ontbeende hoenderborsies waarvan die vel afgetrek is, is net so lekker en braaityd is maar sowat 20 minute.

1 varkfilet, reggesny
sout en gemaalde swartpeper
Dijon-, Franse of growwe mosterd
3–4 repe swoerdlose streepspek
1 piesang, fyngedruk

Geur die vleis met sout en peper en smeer liggies met mosterd. Pak die repe spekvleis uit sodat hulle mekaar effens oorvleuel tot jy 'n groot genoeg oppervlak spek het om die filet te bevat. Smeer die piesang op die spekvleis. Plaas filet hierop, rol op en steek vas met tandestokkies. Sit dit in die vrieskas vir sowat 30 minute om ferm te word, of hou oornag in die koelkas.

Braai die filet oor matige kole tot die vleis deurgaar en die spekvleis bros is. Werk versigtig en keer so min moontlik om voor spekvleis bros is. Die braaityd (20–30 minute) hang af van die dikte van die vleisrol. Om te kyk of die fillet deurgaar is, haal dit van die rooster af en sny middeldeur; as die vleis nog pienkerig van binne is, braai dit nog 'n paar minute.
Genoeg vir 1–2

GESPESERYDE VARKLENDE

Varklende is maklik om te ontbeen en word dan ook vinniger gaar. Skraap eers die ribbene tot jy die punte van onder af kan oplig; skraap dan die vleis van die bene weg. Trek die bene uit en sny die vleis reg.

1,5–2 kg varklende, ontbeen
sout
Gebrande braaispeserye (bl. 22)

Vryf die vleis alkante in met sout en braaispeserye, sit dit in 'n plastieksak en verkil 1–2 dae in die koelkas. Keer af en toe om sodat die vleis egalig bedek word met die speserye.

Vee die oortollige speserye af, tik die vleis droog met kombuispapier, en braai oor matige kole (1½–2 uur). Daar moet geen pienkerigheid binne wees nie. By 'n interne temperatuur van 75 °C is dit deurgaar. Of toets met 'n vleispen; dit is reg as die sappe helder uitloop.

Teen die einde van die braaityd, keer die vleis om met die velkant na onder en braai tot bros krakeling – maar pas op, dit brand maklik aan.

As jy steeds onseker is oor hoe ver die vleis is, sny dit na 'n uur se braai in skywe op en braai die skywe verder.

Bedien met 'n vrugte-toekos of met 'n vrugtesous.
Genoeg vir 6–8

VARIASIE
Pleks van droë speserye, kan jy die lende marineer. Resepte vir marinades begin op bl. 22.

CHINESE RIBBETJIES

Vark-, lams- of beesribbetjies is almal onverbeterlik met hierdie geurige Oosterse marinade.

1 kg vark-, lams- of beesribbetjies

CHINESE MARINADE
60 ml sojasous
30 ml wynasyn
30 ml droë sjerrie
15 ml heuning
30 ml Hoisin-sous*
60 ml hoenderaftreksel
5 ml gestampte gemmerwortel
 of 2 ml gedroogde gemmer
5 ml gekapte knoffel
 of 2 ml droë knoffelvlokkies
5 ml Vyf-speserye-poeier **

* Geen Hoisin-sous nie? Gebruik dan blatjang met 'n knypie cayenne-peper.

** Pleks hiervan kan jy wonderpeper ('allspice') gebruik.

Meng al die marinade-bestanddele, sny ribstuk in dienporsies op, plaas in skottel (nie van metaal nie) en giet die marinade oor. Bedek en laat minstens 3 uur by kamertemperatuur of 6 uur in die koelkas marineer.

Braai die ribbetjies omtrent 1 uur oor lae hitte sodat dit net saggies sis, so ver moontlik van die kole. Laat sak rooster vir die laaste 15 minute om buite-om lekker bros te braai.

Bedien met 'n bakkie Hoisin-sous of oorgebleweMarinade as doopsous. As jy die marinade wil verdik, maak 10 ml mielieblom aan met koue water, meng by en laat opkook.
Genoeg vir 4, meer as voorgereg

VARK-KEBABS MET LEMOEN EN BRANDEWYNSOUS

Varkvleis toegedraai in lemoen, met 'n stoute lemoen-brandewynsous vir marineer en bedruip. Gekruide lemoenslaai met uie en olywe (bl. 71) is perfek hierby.

2 varkfilette, reggesny
sout en gemaalde swartpeper
gemaalde komyn
2 lemoene

LEMOEN-BRANDEWYNSOUS
gerasperde skil en sap van 1 lemoen
gerasperde skil en sap van
 1 suurlemoen
60 ml brandewyn
sonneblom- of olyfolie
fyn gesnipperde grasui

Sny vleis in blokkies en geur met sout, peper en komyn. Skil 2 lemoene en sny in baie dun skywe. Vou blokkies vleis in lemoenskywe toe of ryg met lemoen tussen-in aan dun bamboespenne. Pak in erdebak. Meng die marinade, giet oor kebabs en sit 1–2 uur lank opsy op koel plek. Vir sterker geur, verkil tot 24 uur in koelkas. Braai kebabs oor warm kole – so vinnig moontlik vir maksimum karakter en geur – en bedruip af en toe met oorblywende marinade.
Genoeg vir 4

Chinese ribbetjies (bladsy 36), voorgesit met Oosterse noedelslaai met neute (bladsy 73)

Schnitzels met ham en kaas (bladsy 39) bedien met Verkoolde groente (bladsy 74)

KALFSVLEIS

Kalfsvleis het 'n delikate geur en fyn tekstuur. Dit is maer en sag, maar is geneig om droog te wees omdat dit nie veel vet bevat nie ... wat dit nou weer 'n goeie keuse vir kilojoule-kykers maak.

Wees versigtig wanneer jy kalfsvleis koop – moontlik word jy pleks van kalfsvleis ('veal') jongbeesvleis ('baby beef') aangebied, wat growwer van tekstuur en donkerder van kleur is. Kalfsvleis wissel van naaswit in die geval van kalfies wat nog melk gesuip het, tot ligpienk vir ouer kalwers wat al begin wei het.

Amper soos varkvleis, het kalfsvleis nie 'n sterk eie smaak nie, maar met geurige bestanddele en marinades kan jy iets werklik besonders daarvan maak. Wat kalfsvleis op die kole betref, geld baie van die wenke vir varkvleis, en al die resepte vir varkvleis kan gebruik word.

KOTELETTE MET PEPER-SAMPIOEN-SOUS

Kotelette van vark- of kalfsvleis in 'n romerige sampioensous met 'n pepersmakie.

4 vark- of kalfsvleis-kotelette, sowat 2 cm dik
sout, gemaalde swartpeper, meelblom
8–10 knoppie-sampioentjies, in skyfies gesny
125 ml dik room
45 ml brandewyn (opsioneel)
10 ml groen peperkorrels, gekneus
45 ml gesnipperde grasui

Sny die kotelette reg, geur met sout en peper, bestuif met die meelblom en plaas in die middel van 4 vierkante swaar bladaluminium, goed gesmeer met botter. Strooi sampioenskyfies egalig oor elke kotelet.

Meng die room, brandewyn en peperkorrels en skep 'n bietjie oor elke kotelet en strooi dan grasui-snippers bo-oor. Verseël deeglik.

Maak gaar oor matige kole (sowat 20 minute). Dit is onnodig om die pakkies om te keer, want die vasgekeerde hitte maak die vleis van alle kante af gaar.

Bedien regstreeks uit die pakkies.
Genoeg vir 4

BEREI VOORUIT
Die pakkies kan tot 24 uur vooruit voorberei word en in die koelkas gehou word. Laat kamertemperatuur bereik voor jy dit op die rooster pak, of voeg sowat 5 minute by die gaarmaaktyd.

DRAGON-TJOPS

Dragon-marinade verrig wondere vir vark-, lams- en kalftjops. Appelslaai met seldery en pekan (bl. 73) is heerlik hierby.

6 dikkerige tjops
sout en gemaalde swartpeper
vars dragon vir garnering

DRAGON-MARINADE
60 ml appeljellie
10 ml gekapte dragonblare of 2 ml gedroogde dragon
30 ml dragonasyn of wynasyn
30 g (30 ml) botter

Sny die tjops reg en pak in skottel (nie van metaal nie). Kombineer die marinade-bestanddele in 'n klein kastrolletjie en verhit net lank genoeg om die appeljellie en botter te laat smelt. Laat afkoel en giet oor die vleis. Sit opsy om 3–4 uur by kamertemperatuur te marineer, of bedek en verkil dit tot 8 uur lank in die koelkas vir 'n sterker geur.

Geur tjops met sout en peper en braai oor matig warm kole – 3–4 minute per kant is genoeg. Bedruip met die marinade terwyl die tjops braai.

Sprinkel van die oorblywende marinade oor die gaar tjops, garneer met vars dragon en bedien dadelik.
Genoeg vir 4

SCHNITZELS MET HAM EN KAAS IN HEUNINGSOUS MET KERRIE

Kalfsvleis, varkvleis en lamsvleis werk wonderlik in hierdie resep, maar wees versigtig om nie die schnitzels oorgaar te braai nie, anders is hulle taai en onaptytlik.

6 groot schnitzels
6 dun skywe gruyère-kaas
6 snye ham
paprika
sout en gemaalde swartpeper

HEUNING-BEDRUIPSOUS MET KERRIE
100 g botter
30 ml heuning
skootjie suurlemoensap
5 ml kerriepoeier

Kap schnitzels effens plat met 'n vleishamer. Geur alkante met 'n bietjie paprika, sout en peper. Sit 'n sny kaas en ham op elk, vou die schnitzels oor en steek vas met tandestokkies.

Kombineer bestanddele vir die bedruipsous in 'n kastrolletjie en verhit saggies tot botter smelt; roer deeglik. Verf schnitzels hiermee terwyl hulle braai. Sorg dat die kole warm genoeg is dat die vleis vinnig gaar word (2–3 minute per kant).
Genoeg vir 6

BEREI VOORUIT
Die bedruipsous kan gemeng en die vleis klaargemaak word en tot 8 uur voor die braai in die koelkas wag.

Brand-hoender en tamatie-salsa met koljander (bladsy 41) voorgesit met Pesto-mayonnaise (bladsy 68) en Cajun-rys (bladsy 82)

HOENDER

Onvergeetlik – smulsagte hoender in 'n geurige bros braairook-velletjie. Dis die moeite werd om die kuns te bemeester om hoender oor die kole te braai.

Probeer 'n plaashoender in die hande kry – werfhoenders smaak baie lekkerder as die papsagtes wat op hoenderplase in batterye gesit het.

Heel hoender het 'n ongemaklike fatsoen vir braai en het dus 'n betreklike lang braaityd nodig; dit moet stadig gaar word. Die geheim is om die hoender te verbruin en verder oor laer hitte te braai; stel die rooster hoër bo die kole of skuif die verbruinde hoender na die rand van die rooster toe, of krap van die kole onder die hoender weg. Keer stukke af en toe om en hou dop dat dit nie aanbrand nie (veral belangrik in die geval van gemarineerde hoender). Dit help ook om die benerige rugkant langer ondertoe te hou sodat die vleiskant bo teen uitdroging beskerm word. Moet hoenderborsies nooit te lank braai nie; hulle word maklik wurg-droog.

Dit is moontlik om die uitdrogende braaiproses te verkort sonder om te veel sappige geurigheid prys te gee deur die hoender vooraf in die kombuis halfgaar te maak. Afhangende van die grootte van die porsies, bak die hoenderstukke 15–30 minute by 160 °C in die oond, of laat stadig in 'n marinade prut, of prut dit met 'n bietjie wyn of gegeurde aftreksel.

'n Vinnige toets vir die perfekte graad van gaarheid is om die hoenderboudjies te wikkel: as hulle maklik beweeg is die hoender reg. Of prik met 'n vleispen: as die vleissappe helder uitloop, is die hoender mooi gaar.

Geur- en bedruipmiddels is baie belangrik om sappigheid by te voeg en om die vleis teen die hitte te beskerm as jou hoender *nie* gemarineer is nie. Gebruik hiervoor gesmelte botter (of olie gegeur met 'n skootjie suurlemoen- of lemoensap), en sout, peper en 'n tikkie van jou gunsteling speserye. Of kies een van die bedruipsouse in hierdie boek, of gebruik een van die marinades as bedruipsous. Resepte begin op bl. 22.

BRAND-HOENDER EN TAMATIE-SALSA MET KOLJANDER

Groot eetplesier vir mense wat van eenvoud met 'n Cajun-skop hou. Die Cajun-kookstyl van die Verre Suide van die VSA en Mexiko is vandag hoogmode.

6–8 ontbeende hoenderborsies, vel af
sesamolie
sojasous
seesout en gemaalde swartpeper
Vars tamatie-salsa met koljander (bl. 68)

Verf die hoenderborsies met sesamolie en sojasous. Braai vinnig oor warm kole tot die buitekant kraakbros, maar die vleis nog sappig is. Wees baie versigtig om nie oorgaar te maak nie, anders is die borsies droog en smaakloos. Haal van die rooster af, geur met sout en peper, en bedien dadelik op 'n skeppie salsa. Cajun-rys (bl. 82) is die ideale toekos.
Genoeg vir 4–6

KAASHOENDER IN SPEKVLEIS

'n Vinnige en maklike resep vir 'n gereg waaroor familie en vriende altyd gaande raak. Sit dit voor met skywe tamatie met 'n kruiesous.

8 hoenderbors-filette, vel afgetrek
gemaalde swartpeper
Dijon- of growwe mosterd
8 smal skywe kaas (gruyère of mozzarella is die beste)
sowat 200 g swoerdlose streepspek

Vou die hoenderborsies oop om plat te lê, geur liggies met gemaalde peper en 'n vegie mosterd. Sit 'n skyf kaas in elkeen en vou dit toe in die borsie. Draai elke borsie heeltemal toe in streepspek.

Braai die hoender oor matige kole (15–20 minute); keer die borsies een maal versigtig om, so halfpad deur die braaityd. Die spekvleis sal pragtig bros wees, en die hoenderborsies smelt sommer in die mond.
Genoeg vir 4–6

VARIASIE
Hierdie resep kan effens vereenvoudig word deur die kaas weg te laat.

BEREI VOORUIT
Die hoenderborsies kan die dag voor die braai al toegedraai word in die spekvleis. Bedek met rekplastiek en hou in die koelkas tot braaityd.

OOSTERSE HOENDER-STOKKIES

Uit die misterieuse Ooste, geurige kebabs as voor- of hoofgereg.

6 ontbeende hoenderborsies, vel af
60 ml Ketjap Manis (Indonesiese sojasous)
30 ml sake of droë sjerrie
2 ml gestampte gemmerwortel of 1 ml gedroogde gemmer
sout

OM TE BEDIEN
ekstra Ketjap Manis

Sny hoender in repe, sit in bak en voeg res van bestanddele by. Roer goed deur, bedek en sit 'n uur of wat opsy om te marineer, of verkil oornag in koelkas.

Vou vleisrepe netjies en ryg aan dun bamboespenne. Braai vinnig (2–3 minute per kant) oor warm kole. Bedien dadelik van rooster af met ekstra Ketjap Manis as doopsous.
Genoeg vir 6–10

VARIASIE
Stukkies hoenderlewer tussen die vleisrepe smaak ook heerlik.

HOENDERBORSIES MET HEUNING-GLANS

Smaaklike, sappige hoenderhappies wat sonder sukkel in foelie gebraai word.

**8 hoenderbors-filette, vel afgetrek
sout en witpeper**

HEUNING-GLANS
**60 ml medium sjerrie
60 ml heuning
20 ml Dijon-mosterd
40 ml gekapte vars kruie
 of 5 ml gedroogde gemengde kruie**

Geur die hoender met sout en peper en plaas elke stuk in die middel van 'n vierkant bladaluminium gesmeer met botter. Meng die bestanddele vir die verglansing, smeer dit oor die vleis. Verseël pakkies en laat 15–20 minute tussen matig warm kole bak. Bedien die hoender met sy eie prikkelsousie so uit die pakkie.
Genoeg vir 4

VARIASIES
Gebruik verskillende geurmiddels in plaas van die heuning-glans. Probeer piesangringetjies met 'n skootjie suurlemoensap en 'n strooiseltjie kaneel. Of strooi gerasperde parmesaan-kaas en papawersaad oor die vleis. Skyfies sampioen is ook heerlik; voeg sout, peper en 'n klontjie suurroom hierby.

BEREI VOORUIT
Die verseëlde pakkies kan 'n dag lank in die koelkas wag. Voeg so 5 minute by die braaityd as hoender verkil is.

GEVLAMDE HOENDER

'n Imposante dis – ontbeende hoenderdye, subtiel gemarineer en gevlam met brandewyn. Terwyl jy nou spog, sit dit voor met 'n elegante bygereg soos Verkoolde groente (bl. 74) of Knoffel-aartappel met roosmaryn (bl. 85).

8 hoenderdye

JOGHURT-MARINADE MET SPESERYE
**500 ml ongegeurde joghurt
30 ml brandewyn
1 klein ui, baie fyn gekap
3 huisies knoffel, gepers
5 ml gestampte gemmerwortel
 of 2 ml gedroogde gemmer
5 ml sout
2 ml gemaalde komyn
1 ml gemaalde koljander
1/2 ml cayenne-peper**

OM TE VLAM
45 ml brandewyn

Ontbeen die hoenderdye; werk van die onderkant af en skraap al die vleis versigtig weg van die bene. Op dié manier kan die marinade die diepste deel van die dye geur. Plaas die hoender in 'n skottel (nie van metaal nie). Meng al die marinade-bestanddele en giet dit oor die hoender; meng deeglik aan om goed te bedek. Bedek en hou 'n dag lank in die koelkas; keer af en toe om.

Dreineer die hoender en tik droog. Verbruin oor matig warm kole, en braai dan verder stadiger tot deurgaar – sowat 20 minute. Moenie die hoender bedruip terwyl dit braai nie, want dan bederf jy die begeerlike bros velletjie.

Skep die stukke oor in 'n verhitte dienbord en verhit dan die brandewyn oor die kole – maklik om te doen in 'n sopskeplepel van metaal. Giet die brandewyn oor die hoender en steek aan die brand. Sodra die vlammetjies doodgaan, strooi 'n bietjie paprika oor die vleis.
Genoeg vir 4–6

VARIASIE
Vervang die marinade met 'n ander een. Resepte begin op bl. 22.

GEPLOOIDE KUIKENS

Met 'n paar slim plooie en snye en strategies geplaaste houtpenne kan jy die ongemaklike fatsoen van 'n hoendertjie bewerk sodat dit byna plat op die rooster lê.

**2 baie jong hoendertjies
sout en gemaalde swartpeper
paprika
Knoffelbotter (resep bl. 22)**

Plaas die hoenders borskant ondertoe op 'n plank en verwyder die rugstring met 'n pluimveeskêr, of sny dit uit met 'n baie skerp mes. (Hou die uitgesnyde dele vir die soppot.)

Keer die hoender om en laat plat lê. Druk hard om die borsbeen te breek. Om die hoender plat te hou, spalk dit oop met twee houtpenne, een deur die vlerke, en die ander deur die dye. Die penne is ook sommer nuttige handvatsels wanneer jy die hoender omkeer.

Geur met sout, peper en paprika. Verf met knoffelbotter en braai die hoendertjies op die oop rooster of onder 'n kap (of maak 'n koepel van foelie) om die hitte vas te vang en die gaar word te versnel. Bedruip en keer dikwels om. Die hoender behoort na 20–30 minute gaar te wees. Laat nog 'n paar minute braaityd toe as jy die hoenders sonder kap op 'n oop rooster braai.

Die hoenders is gaar wanneer 'n boudjie vrylik beweeg as jy dit wikkel, of as die sappe helder uitloop wanneer jy die dik vleis met 'n vleispen prik.
Genoeg vir 4–5

VARIASIE
Braai gerus groter hoenders, maar dan liewer onder 'n kap om vinniger gaar te maak en uitdroging tot die minimum te beperk. Pleks van bedruip, kan jy die hoender vooraf marineer. Resepte vir marinades en bedruipsouse begin op bl. 22 – kies jou gunsteling.

BEREI VOORUIT
Goeie plan: Hou 'n paar geplooide kuikens in die vrieskas, gereed vir 'n spontane onbeplande braai. Ontdooi bevrore hoender in die mikrogolfoond. Vir verkilde hoenders, verleng die braaityd met sowat 5 minute.

Geplooide kuikens (bladsy 42) bedien met Knoffel-aartappels en uie met roosmaryn (bladsy 85)

VLEIS

Hoenderlewer-kebabs met spekvleis, en Lewer oor die kole met uie (bladsy 45)

NIERTJIES EN LEWER

Probeer gerus kalfsniertjies en lewer vir 'n interessante verandering. Oor die kole verkry albei daardie heerlike rokerige braaismaak. Kalfsniertjies is bleek melkerig-bruin en lyk nogal na 'n tros druiwe. Lamsniertjies is eiervormig en middelbruin met 'n blouerige tint. As niertjies 'n dag of wat lank in die koelkas gehou moet word, bewaar hulle net so in die vetomhulsel en braai hulle daarin. Sny net die niertjies middeldeur, sny die taai wit vesels in die middel uit, was deeglik onder die kraan en tik droog. Geur met sout en gemaalde peper en braai die niertjies 5–7 minute net tot hulle nie meer pienk van binne is nie.

Nog 'n plan is om die niervet te verwyder en die niertjies op 'n stokkie in te ryg; dit lyk nog aptytliker. Geurmiddels moet altyd beperk wees tot sout en peper, oorgestrooi net voor die braai, en dan net 'n vegie olie om hulle klam te hou terwyl hulle braai.

Marinering sal die tekstuur bederf – moet dit nie eens probeer nie. Maar 'n spatsel Worcestershire-sous is darem baie lekker, en kan net na die verbruining en weer net voor bediening op die niertjies gesprinkel word. Bedien die niertjies dadelik sodra hulle gaar is; anders word hulle maklik taai.

LAMSNIERTJIE-KEBABS MET SPEKVLEIS

'n Hele maal op 'n stokkie: Lamsniertjies toegedraai in spekvleis, ingeryg met sampioene en tamatie. Die kebabs kan 8 uur tevore voorberei word; hou dan verkil in die koelkas tot braaityd aanbreek.

8 lamsniertjies
sout en gemaalde swartpeper
cayenne-peper (opsioneel)
16 repe swoerdlose streepspek, dwars gehalveer
16 knoppie-sampioentjies
16 klein kersie-tamaties
Worcestershire-sous

Maak die niertjies skoon, trek die vel af, halveer en sny die binneste taai wit vesels uit. Halveer dan weer tot kwarte. Geur met 'n bietjie sout, swartpeper en cayenne. Draai elke kwart toe in spekvleis. Ryg aan dun bamboesstokkies of houtpenne met sampioene en tamaties tussen-in.

Net voor die kebabs op die rooster kom, verf hulle met Worcestershire-sous en braai dan sowat 15 minute oor warm kole. Bedien dadelik.

HOENDERLEWER-KEBABS MET SPEKVLEIS, PYNAPPEL EN SOETRISSIE

Sit hierdie kebabs voor as hoofgereg, of bied aan as peuselhappies terwyl die gaste wag op die hoofgereg.

500 g hoenderlewertjies, skoongemaak en reggesny
botter vir gaar maak
gemaalde swartpeper of cayenne-peper
suurlemoensap
250 g repe swoerdlose streepspek
1 rooi of groen soetrissie, ontpit, in stukkies gekerf
24 stukkies vars pynappel

Sny die lewertjies middeldeur – jy sal sowat 24 stukke nodig hê. Verbruin liggies in sissende botter in 'n pan, maar moenie deurgaar maak nie. Haal dan die lewertjies uit die pan en geur met peper en suurlemoensap.

Halveer die repe spekvleis en draai die halwe lewertjies elk in spekvleis toe. Ryg aan 'n houtstokkie, met stukkies soetrissie en pynappel tussen-in. Verkil tot 8 uur lank in die koelkas, en braai dan oor warm kole. Dit neem 8–10 minute vir die spekvleis om bros te braai en vir die lewertjies om deurgaar te word.
Lewer 6 kebabs

LEWER MET UIE

Hierdie ou gunsteling maak hom heerlik tuis op die kole. Aartappel-gebak met maaskaas (bl. 84) en Warm aartappelslaai (bl. 85) is ideale toekos.

1 kg kalfs- of lamslewer
olyfolie of sonneblomolie
3–4 huisies knoffel, fyn gekap
sout en gemaalde swartpeper
3 uie, in ringe gesny
botter en olie vir braai

GARNERING
gekapte vars kruie

Sny die lewer reg en trek die vel af. Sny in dikkerige skywe (3–4 cm is omtrent reg). Sit lewer en knoffel in 'n bak met genoeg olie om lewer te bedek. Geur met volop peper. Sit opsy.

Panbraai die uieringe in botter en olie, of braai oor warm kole tot goudbruin. Hou warm.

Maak skarnier-rooster baie warm. Dreineer die lewer (moenie droogtik nie). Braai vinnig oor baie warm kole (sowat 2 minute per kant) tot die lewer brosbruin van buite maar nog effens pienk van binne is.

Skep oor op 'n dienbord, geur met sout, skep gebraaide uieringe bo-op en garneer met volop gekapte kruie.
Genoeg vir 6

BEREI VOORUIT

Die geoliede lewer kan so 2–3 uur bedek in die koelkas wag op die braai. Keer af en toe in die olie om.

Gekruide varkwors en Boerewors (bladsy 47) bedien met Stywepap (bladsy 61) en Gekruide tamatiesous (bladsy 68)

WORS

'n Braaivleis sonder wors op die kole? A nee a. En veral nie as dit boerewors is wat ontbreek nie. Wedywering tussen die boerewors-konings en aspirantkonings is fel, en die worsmakers doen oneindig veel moeite om die regte vleis te bekom, dit behoorlik ryp te maak, die varsste speserye te brand en te stamp — en elkeen het sy eie (geheime) resep.

Noodsaaklike toerusting om jou eie wors te maak is 'n vleismeul en worsstopper of die nodige hegstukke vir jou verwerker, volop tyd — en nie omgee vir morswerk nie.

As jy voel die lewe is darem te kort om wors te stop, kan jy natuurlik jou braaiwors gaan koop. Stap maar by enige delikatesse in en daar is worssoorte te kies en te keur. Frankfort-knakwors en ander gerookte soorte het net 'n bekendstelling met die hitte van die kole nodig, want die rookproses maak hulle reeds halfgaar. Vir ander soorte wors is dit egter verstandig om te sorg dat die wors deurgaar gebraai word, tensy dit tuisgemaak is of by 'n betroubare slagter gekoop word.

BOEREWORS

Tradisionele boerewors is 'n mengsel van bees- en varkvleis en geskikte speserye — veral koljander.

2 kg goed ryp gemaakte beesvleis*
1 kg vet varkvleis (nek, blad of pens)
45 ml heel koljander
5 ml heel kruienaeltjies
30 ml sout
15 ml vars gemaalde swartpeper
2 ml gerasperde neutmuskaat
10 ml gemaalde wonderpeper
10 ml bruinsuiker
125 ml droë rooiwyn of donker asyn
90 g dik worsvelle/derms om te stop, geweek in water

* Kies voorkwart-snitte soos dikrib of bolo; die deurwaste vet verleen sappigheid.

Sny die bees- en varkvleis reg. Om dit makliker te maal, sny die vleis in lang smal repe sowat 3 cm in deursnee en bevries die repe eers vir ongeveer 30 minute.

Gebruik 'n growwe meul vir 'n losser tekstuur, of maal die vleis fyner as jy dit verkies. Laat die repe vleis deur die meul gevoer word met so min moontlik hulp van jou kant. Voer oplaas 'n stuk brood deur om elke korreltjie vleis uit die masjien te verwyder.

Brand die koljander en kruienaeltjies in 'n droë braaipan; skud die pan sodat die speserye egalig bruin en aromaties kan brand. Pas op vir aanbrand. Stamp die speserye met vysel en stamper, skud in 'n sif om die doppies te verwyder. Meng dit dan met die res van die speserye en suiker en strooi dit oor die gemaalde worsmengsel.

Meng die wyn of asyn liggies deur.

Dreineer die derms en plaas een oop ent oor die bek van die stopper. Ryg die res van die derm versigtig oor die stopper tot so 10 cm nog afhang; knoop die los punt. Dit help om nou 'n ekstra paar hande te kommandeer; jy kan dan die vleismengsel deurvoer terwyl jou helper die derms vashou en die vleis in die derms help instuur.

Voer die mengsel bietjies-bietjies in die meul in terwyl jy liggies met die een hand op die stopper druk om die uitrol van die derm te beheer soos dit gevul word. Vorm die wors met jou hand sodat dit ewe dik in die lengte is. Moenie die derm te vol stop nie, want dan bars die wors terwyl dit braai. Probeer lugborrels voorkom. Wanneer die derm volgestop is, verwyder dit met stopper en al van die masjien. Druk die res van die boereworsmengsel uit die stopper in die derm en knoop dit.

Wors moet vinnig gebraai word. Sorg dus dat die kole baie warm is. Braai tot die worsvelletjie heerlik brosbruin is, maar die binnekant moet nog effens pienk wees. 'n Laaste wenk: Sorg dat jou gaste regsit om die vuur sodat die wors nie hoef te wag nie.
Lewer 3,5 kg

BEREI VOORUIT
Wors maak en stop is die een taak wat jy nie wil los tot op die dag van jou braai nie. In elk geval moet die wors 'n paar dae lank in die koelkas ryp word voor dit gebraai word sodat die geur kan ontwikkel. Wors kan tot 3 maande bevries word, maar verloor van sy geur.

GEKRUIDE VARKWORS

Vir varkwors is die ideale verhouding ⅔des vleis tot ⅓de vet; die snitte wat die geskikste is, is nek, blad, lies en pens. Jou slagter sal jou help om die vetinhoud van die vleis te bereken sodat jy kan weet hoeveel ekstra vet om by te voeg.

2 kg varkvleis, grof gemaal
15 ml sout
10 ml vars gemaalde swartpeper
5 ml knoffelvlokkies of -poeier
2 ml gedroogde orego
1 ml gedroogde tiemie
30 ml droë sjerrie
60 g dik worsvelle/derms om te stop, geweek in water

Plaas die gemaalde vleis in 'n groot skottel, strooi die sout, peper, knoffel, orego en tiemie oor en sprinkel die sjerrie op die vleis; werk deur. Stop derms.

Verdeel die wors in lengtes van 15 cm en bind 2 stukkies tou tussen elke worsie, met 2 – 3 cm leë derm tussen die knope waar jy die worsies kan afsny.

Braai die wors sowat 15 minute oor matige kole. Sny 'n stukkie daarvan af om gaarheid te toets; die wors is reg as die binnekant glad nie meer 'n pienk kleurtjie toon nie. Moet varkworsies nooit oorgaar maak nie.
Lewer 2 kg; 14–16 worsies

BEREI VOORUIT
Die geur ontwikkel wanneer die wors 24 uur lank voor die braai op die rak in die koelkas lê.

Kreef, perlemoen, elf, kabeljou, swartmossels, garnale

HOOFSTUK 4
SEEKOS

Min eetgeleenthede kan 'n seekos-braai oortref wat verskeidenheid van geur betref, veral as die seekos vars uit die see gehaal is. 'n Braai op die strand, die hengelaars en duikers in die geselskap besig met l-a-a-ng stories, die geruis van die branders, die briesie van die see af . . . wat kan meer idillies wees?

Hou dit asseblief in gedagte dat daar wetsbepalings oor die aantal en grootte van talle soorte vis en skulpvis is wat gevang en uitgehaal mag word. Voor jy en jou mense jul seekos gaan uithaal, doen navraag by die Departement Seevisserye of Natuurbewaring. Hulle sal jou ook waarsku as daar dalk gevare soos rooigety of besoedeling op bepaalde plekke is wat die seekos giftig maak.

VIS

Gehalte en varsheid is die belangrikste vereistes vir 'n vis oor die kole gebraai. Gelukkig is dit die maklikste ding ter wêreld om te leer hoe om te onderskei tussen die beste en varsste vis en die minderwaardige wanneer jy vis koop. Hoe ouer die vis, hoe dowwer word dit. Let op tekens wat verklap hoe lank daardie vis al dood is. 'n Vars vis se oë is nog blink en bult uit; die oë moet nie dof en ingesak lyk nie. Die vel en skubbe moet blink, helder en klam wees, nie droog en verdonker nie. Die kieue moet helderrooi wees en nie donkerrooi nie, en die vleis moet ferm, klam en reukloos wees.

Skoonmaak en berg

Daar is twee menings oor die skubbe verwyder al dan nie: Sommige mense gril by die gedagte dat die skubbe aan die vis gelaat word; ander weier om die vis te skraap en glo vas dat die skubbe die vis beskerm en help om dit heel te hou terwyl dit braai. Die vel en skubbe kan in elk geval maklik met 'n vurk weggekrap word van die gaar vis, dus laat ek die keuse aan die leser oor.

Die vis moet gewas en die binnegoed verwyder word. As dit dan nie heel gebraai gaan word nie, sny dit nou in filette, skywe of kotelette op.

Voor die vis op die kole kom, draai die heel vis of porsies in rekplastiek toe en hou dit in die koelkas.

'n Werklik vars vis kan tot 3 dae lank in die koelkas bewaar word. Vermy dit tot elke prys om vis te bevries – dit verniel die geur en tekstuur.

Insout en winddroog maak

Sommige soorte vis kan met welslae *gevlek*, ingesout en winddroog gemaak word voor dit gebraai word. Dit sorg dat die vis meer hanteerbaar is op die rooster en maak ook die buitenste lagie effens taaier, wat dan by die hitte van die kole 'n heerlike bros jassie word met die sagte vleis daarbinne.

Ideale kandidate vir hierdie metode is snoek, geelstert, harder, elf, galjoen, hottentot, maasbanker en makriel – maar die metode kan met omtrent enige soort vis toegepas word behalwe die kleinstes, wat te veel sal uitdroog.

Om 'n vis te *vlek*, sny dit aan die penskant oop sodat dit oopskarnier aan die ruggraat. Sit die vis so oopgespalk op 'n skinkbord en sout dit goed in met growwe sout. Laat dit sowat 30 minute lê en spoel dan die sout af; sout nou weer liggies in met fyn sout. Hang die vis vir 'n paar uur aan die wasgoeddraad op om uit te droog.

Vis oor die kole

Vis kan op allerlei maniere oor die kole gaar gemaak word: heel, in porsies of mote opgesny, gemarineer, bedruip en gekrui, in foelie toegedraai . . . jy kan na hartelus eksperimenteer. Onthou om altyd die vis sowel as die rooster vooraf met olie te bestryk, en verhit eers die rooster sodat die patroontjie dadelik in die vis se vel inbrand. 'n Skarnier-rooster is net reg om vis in te braai – dis baie makliker om die vis om te keer.

Vis moet nooit ooit oorgaar gemaak word nie; die vleis droog uit en verloor die meeste van die geur en al sy aantreklikheid. Dit is eintlik baie makliker om vis perfek oor die kole te braai as om dit te bederf, want die vleis is geurig, sappig en sag om mee te begin. Dis belangrik om vis oor die kole dadelik te bedien wanneer jy dit uit die rooster haal.

Die voorkoms van die gereg is baie belangrik. Bedien die vis op 'n groot skinkbord versier met allerlei kruie. Volop suurlemoenwiggies is onontbeerlik. Maar verder is eenvoud die geheim – miskien net 'n eenvoudige slaaitjie en 'n knoffelbroodjie met 'n bros kors (bl. 87) en miskien 'n geurige sous (bl. 67 e.v.).

Gaarmaaktyd

Daar is allerhande faktore om in ag te neem, soos die hitte van die kole en die temperatuur van die vis wanneer dit op die rooster kom. Hou dop: Sodra die vleis wit en ondeurskynend is, is die vis gaar. Moet jou nie net op die bekende reël van "vis is gaar wanneer die vleis maklik gevlok kan word" verlaat nie – dit geld ewe goed vir oorgaar vis.

GEBRAAIDE VISFILETTE

Puriste sê die heel beste braaigeur word verkry wanneer visvleis en gloeiende kole mekaar ontmoet. Gebraaide visfilette is beslis die aangewese keuse vir maklike bediening.

Sny die vis aan filette, maar laat die vel aanbly. Geur net voor die braai, tensy jy verkies om die vis eers 'n bietjie uit te droog. In hierdie geval, sout die vis goed in, verkil so 2 uur lank in die koelkas, spoel af en tik droog, en geur dan weer liggies met fyn sout.

Bedruip die vis gedurig terwyl dit gaar word met 'n marinade of met 'n bedruipsous van olie, gesmelte botter of, vir 'n gesofistikeerde smaak, meng knoffel, suurlemoen, kruie en geurmiddels by.

Verbruin die vleiskant van die vis (velkant ondertoe) vinnig oor warm kole, keer dan die vis om en laat deurgaar word oor laer hitte tot net gaar. Bedien dadelik, met volop suurlemoenwiggies.

Die beste soorte vis om as filette oor die kole te braai is elf, kabeljou, geelbek, rooi- en witstompneus, leervis, geelstert, poenskop (mosselkraker), rooi- en witsteenbras, dageraad en galjoen.

HEEL VIS OOR DIE KOLE

Die beste manier om 'n vis te braai, is heel – met die vinne en stert aan – op 'n rooster oor oop kole. Dit lyk nie net mooier nie, maar die geur is onverbeterlik omdat die vis die volle voordeel van die rokerige hitte kry. Twee faktore moet egter in ag geneem word: die grootte van die vis, en die gehalte van die vleis. Vir groot, dik visse is dit wenslik om 'n braaitoestel met 'n kap of 'n foeliekoepel te gebruik.

As algemene maar buigsame gids: Dit neem so 35–45 minute vir 'n heel vis van 1,5 kg om gaar te braai.

Gunstelinge vir heel braai is elf, geelbek, dageraad, galjoen, kabeljou, rooi- of witsteenbras, poenskop of mosselkraker, roman, rooi- en witstompneus, vieren-sewentig en kapenaar (silwervis). Kleiner spesies soos dassie (kolstert), hottentot, verskeie brasems, fransmadam, knorder en pelser (sardyne) kan ook heel gebraai word, maar die braaityd is natuurlik korter na gelang van grootte.

Visse van 500 g tot 1 kg braai lieflik met 'n paar snitte in die sye. Dit laat die hitte vinnig deurdring en verleen ekstra geur, en die ingebrande snitte lyk mooi. Geur die vis met sout, peper en suurlemoensap, verf dit met olyfolie, en vul die pensholte met vars geplukte kruie.

VIS IN FOELIE

Die meeste soorte vis met 'n baie delikate vleis moet liewer in bladaluminium gebraai word, maar dit sal darem nie die volle braaigeur hê nie. Een plan om tog die braaigeur te red is om die gaar vis uit die foelie te haal en gou alkante op die kole te laat sis. Hierdie gerieflike manier van vis oor die kole gaar maak bied die ekstra voordeel dat jy dan al die kosbare sappe in die aluminium bewaar wat saam met die vis bedien word, of by 'n sous ingemeng word.

Onthou altyd om swaargewig-foelie te gebruik en dit goed met botter of olie te bestryk. Doen jy dit nie, sal die vis vassit en uitmekaar gepluk word wanneer jy dit afsukkel en bedien.

Voeg eenvoudig jou geurmiddels by in die pakkie. Kruie is subtiel, of gebruik 'n skootjie suurlemoensap of wyn of 'n paar druppels sojasous. Jy kan tot groente in die pakkie verseël, maar sny groente eers in skywe sodat dit egalig deurgaar word. Werk met 'n ligte hand – dit is die delikate geur van die vis wat jy wil behou en na vore wil bring.

Vissoorte geskik vir braai in foeliepakkies sluit in roman, wit- en rooistompneus, hottentot, poenskop (mosselkraker), dageraad, geelbek, kabeljou, galjoen, brasems, dassie (kolstert), wildeperd (bontrok) en reënboog- of bruinforelle.

VIS VIR 'N SKOTTELBRAAI

Alle soorte vis en visporsies kan op 'n soliede metaalplaat soos 'n ploegskaar of 'n wok oor die kole gaar gemaak word. In hierdie geval is dit nie eintlik oor die kole braai nie, maar panbraai.

Om te keer dat die vis vassit, is 'n smeersel botter of olie (of 'n mengsel van die twee) noodsaaklik. Hierby kan allerlei ander geurmiddels gevoeg word: vars gekapte kruie, geperste knoffel, suurlemoensap, droë witwyn, bier of 'n bietjie sjerrie. Almal lewer 'n lieflike sous om saam te bedien – mits vis en sous nie verbrand word deur kwaai hitte nie!

Braai-kabeljou, gevlekte elf

KLEINVIS OP 'N STOKKIE

Om heel klein vissies oor die kole te braai, is kebabs net die maklikste.

klein vissies
sout en gemaalde swartpeper
olyfolie of gesmelte botter

Ryg klein vissies soos sardiens, harders en selfs garnale op 'n stokkie, geur met sout en peper, en verf met olie of gesmelte botter. Braai tot bros oor warm kole en bedien sommer so van die rooster af as smulhappies.

SWARTVIS MET KOMKOMMER-JOGHURT MET SPESERYE

Swartvis is nie 'n soort vis nie; dis die kleur van die sappige, gaar gebraaide vis se buitenste korsie van opsetlik aangebrande kruie. Cajun-speserye voeg 'n pikante geur by hierdie gereg. Rooi vis is die tradisionele keuse (stompneus, steenbras, roman) maar ander soorte is ook heerlik, veral geelstert, tuna, engelvis, geelbek, kabeljou en natuurlik snoek.

6 filette vis (skywe), elk 200–250 g, vel aan

CAJUN-SPESERYMENGSEL
30 ml paprika
15 ml uiesout
15 ml knoffelpoeier
10 ml gemaalde swartpeper
10 ml cayenne-peper
10 ml gedroogde orego
5 ml gedroogde tiemie
5 ml gemaalde witpeper

Kombineer al die bestanddele.

KOMKOMMER-JOGHURT MET SPESERYE
halwe Engelse komkommer
sout
175 ml-bakkie ongegeurde joghurt
2 ml Cajun-speserymengsel

Rasper die komkommer grofweg, strooi 'n bietjie sout liggies oor, en dreineer in 'n sif. Sorg dat dit goed gedreineer is, anders is die mengsel te slap. Laat die komkommer die hele dag in die sif lê, as jy wil, en druk dan die oortollige vog uit. Kombineer die komkommer met die joghurt en speserymengsel. Hou in die koelkas tot bedien word.

Meng en strooi die Cajun-mengsel rojaal oor die vis en druk goed vas om die filette egalig te bedek. Sorg dat die kole baie warm is en braai die vis in 'n skarnier-rooster. Die speserylagie sal gou 'n bros, swartbruin jassie om die vis vorm. Pas op: Jy sal die vis ruïneer as jy dit te styf in die rooster vasklem, of as jy dit oorgaar braai. Braai die vis eers aan die vleiskant tot die buitelagie bros is, keer dan om en braai die velkant.

Plaas die vis op verhitte borde, met 'n skeppie van die komkommer-joghurt langsaan. Vervrolik dit met takkies vars tiemie of orego as jy dit byderhand het.
Genoeg vir 6

BEREI VOORUIT
Die Cajun-speserymengsel het 'n kragtige skop. Die filette moet dus net voor dit op die rooster kom daarmee gegeur word, anders sal dit in die vleis intrek en die vismaak oorweldig. Voor jy die speserye meng, sorg dat hulle vars is. Wat oorbly van die mengsel kan verskeie maande lank in 'n lugdigte fles gebêre word.

VISFILETTE MET SAMPIOENE EN AMANDELS

Sampioene, amandels en vis – enige soort vis waarvoor jy lus het – is altyd boesemvriende. Draai die vis in vierkante bladaluminium toe, maak gaar oor die kole, en bedien reguit uit die pakkies.

4 visfilette (sonder vel)
sout, gemaalde swartpeper, meelblom
60 ml amandelvlokkies, gerooster
8–10 knoppie-sampioene, in skyfies
60 ml dik room
30 ml gekapte pietersielie
suurlemoensap

Geur die vis goed met sout en peper, doop in die meelblom, en plaas elke stuk in die middel van 'n vierkant swaar foelie dik gesmeer met botter. Strooi die amandel en sampioen oor en voeg die room, pietersielie en 'n skootjie suurlemoensap by.

Verseël die pakkies deeglik en braai op die rooster oor matige kole vir 15–20 minute, afhangende van die dikte van die vis. Dit is nie nodig om die pakkies om te keer tydens die gaarmaaktyd nie. Maak 'n pakkie oop en kyk: sodra die vis ondeurskynend is, is dit gaar. Bedien dadelik.
Genoeg vir 4

BEREI VOORUIT
Berei en verseël die pakkies, en hou hulle in die koelkas, maar nie langer as 12 uur vooruit nie.

PERLEMOENSKYWE

Soos enige liefhebber van perlemoen weet, is die vleis van hierdie seekos bedrieglik en dit kos toewyding en tyd om die perfekte perlemoenskyf op die bord te kry. Hier's 'n paar wenke:

Voorbereiding
Haal die vleis uit die skulp, skrop dit deeglik om die groenerige slym te verwyder ('n potkrapper is nuttig), sny die frillerige 'skort' af, en reinig die donker area van die spysverteringskanaal deeglik.

Om te braai
Sny die skoongemaakte perlemoen in dik skywe, horisontaal of vertikaal, klop liggies om sag te maak, geur met 'n bietjie sout, doop in gesmelte botter en plaas op die rooster. Braaityd is kort – net so 2 minute per kant – maar die kole moet warm wees. Bedien dadelik met 'n skootjie suurlemoensap.

PERLEMOEN-PAKKIES

'n Besonderse manier om perlemoen voor te berei.

**perlemoen
botter of olyfolie
suurlemoensap
geperste knoffel
gemaalde swartpeper
sampioene, in skyfies
gekapte spekvleis (opsioneel)**

Skrop die perlemoen en sny reg, maar laat hulle heel. Versag deur oral te klop met 'n vleishamer (die rande het meer aandag nodig as die sagter middelste deel). Sny stukke bladaluminium groot genoeg om elke perlemoen in toe te draai. Plaas 'n perlemoen op elke vel, voeg 'n klontjie botter of 'n bietjie olyfolie, 'n skootjie suurlemoensap, geperste knoffel, gemaalde swartpeper en dun snytjies sampioen by elke pakkie. Gekapte spekvleis is 'n interessante variasie.

Draai die pakkies stewig toe en braai sowat 35 minute op die rooster oor warm kole. Maak die pakkies oop en sny die perlemoen in skywe en bedien met die lekkernye uit die pakkie.

BAMBOES-PERLEMOEN

Hierdie metode lewer die sagste perlemoen sonder dat iets bygevoeg word om die delikate geur te verbloem.

**perlemoen, skoongemaak en reggesny
vars seebamboes**

Sny die perlemoen aan skywe, klop sag, en pak in die bolgedeelte van 'n stuk seebamboes van sowat 60 cm, vars uit die see gesny. Stop die gat toe met 'n skoon lap (nie 'n klip nie, want die stoom skiet 'n klip sommer uit). Sit die gevulde bolgedeelte in die vlamme of tussen die kole, en laat sowat 20–30 minute kook. Draai een keer tydens die kooktyd om.

Om te bedien, sny 'n deksel aan die bokant van die perlemoen af en gooi die perlemoen en sy sous in 'n geskikte dienbord oor. Sit voor met warm brood.

MOSSELS

Mense raak versot op hierdie braailekkernye: swart- of witmossels pas geoes uit die see, oopgestoom op die rooster en voorgesit met 'n geurige doopsous. Knoffelbotter (resep bl. 22), Vinaigrette of Kruie-vinaigrette (albei bl. 67) is die beste.

Swartmossels sit in plate op die rotse net onder die watervlak en kan by laaggety uitgehaal word. Hulle word groot genoeg vir 'n maal-in-een, maar kleiner mossels is smaakliker. Skrop die skulpe skoon voor die mossels op die rooster kom en laat hulle eers 'n rukkie in vars water lê voor jy hulle braai.

Witmossels woon in die sand. Die maklikste manier om hulle op te spoor is om net onderkant die hoogwatermerk jou kaal voete in die sand in te vroetel. Spoel die mossels skoon af en laat week hulle in vars water (vervang telkens) tot die meeste van die sand uit is.

Om te braai

Mossels *moet* nog lewe wanneer jy hulle begin gaar maak. Toets vir lewe deur op die skulp te tik: Mossels wat nie dadelik toeklap nie moet weggegooi word.

Pak die mossels al op die rand van die rooster waar die hitte die sagste is. Hulle sal oopstoom en kan dan dadelik geëet word. Moet tog nooit die mossels op die rooster laat lê en verskrompel en uitdroog nie. Bied aan met Knoffelbotter (bl. 22) of Vinaigrette (bl. 67).

MOSSELPAKKIES

Bedien die mossels as 'n voorgereg of as bykos by braaivis. Samel die mossels in en maak hulle skoon soos hierbo beskryf. Jy kan ook geblikte mossels gebruik, maar dan moet jy 'n bietjie droë wyn of van die vloeistof uit die blikkie by die pakkies voeg om die natuurlike sappe te vervang.

**18–24 mossels
60 g (60 ml) botter
4–6 huisies knoffel, baie fyn gekap
30 ml gekapte pietersielie
   of 5 ml gedroogde pietersielie
paar druppels Tabasco (opsioneel)
gemaalde swartpeper**

Smeer 4 groot vierkante swaar bladaluminium en verdeel die bestanddele tussen hulle. Vat die foelie vas by die hoeke en draai om te verseël, maar laat genoeg ruimte binne die pakkie vir die mossels om oop te gaan soos hulle gaar word. Plaas op die rooster oor matige kole en skud die pakkies af en toe saggies om die botter, geurmiddels en mosselsap te meng.

Sodra die skulpe oopgaan (maak oop en kyk), haal pakkies van die hitte af. Hou warm op die rand van die rooster.

Bedien warm met brood met 'n bros korsie om die smulsous op te vee. Bied sout apart aan – vars mossels bevat van nature genoeg sout.

Genoeg vir 4

ALIKREUKELS

Geurige alikreukels is nou wel 'n bietjie taai en dit kos kou, maar hierdie skulpkos word gretig ingesamel deur strandlopers wat hulle met laaggety in rotspoele soek of gaan uitduik. Alikreukels is maklik om te braai en hul skulpe is ideale, natuurlike kookpotjies.

Om te braai

Al wat jy hoef te doen, is om heel, vars alikreukels oop kant boontoe op matige kole te pak, en binnekort borrel en kook hulle so in hul eie sappe. Die oomblik dat die korrelrige dekseltjie maklik verwyder kan word (na 20–30 minute) is die happies reg vir eet. Haal uit die skulp, gooi die sagte donker maaggedeelte weg, kerf die res as jy wil, en sit voor met sout, peper, suurlemoensap of 'n doopsous soos Knoffelbotter (bl. 22) of met Vinaigrette (bl. 67).

KREEF

Van ons mees geïnspireerde eetgoed kom in die natuur voor in vorme wat seker primitiewe mense die skrik op die lyf gejaag het, tot die dag dat 'n dapper strandloper sy oë toegeknyp het, die grillige see-gogga gevang en gekook het, en die verloop van kosgeskiedenis vir ewig verander het. 'n Kreef is nou nie juis mooi nie, maar behoorlik gebraai oor die kole is dit koningskos.

Van alle bederfbare kosse, is kreef een van die gevoeligstes. Vars uit die see is die beste en volgens kenners die enigste manier om kreef te eet. Bevriesing eis sy tol aan geur en tekstuur.

As jy gelukkig is om 'n lewendige kreef te kry, beplan jou kreefbraai binne die volgende dag of twee. Intussen is die kreef heeltemal veilig in die koelkas.

Voorbereiding

Plaas die kreef op sy pens, stertstuk gestrek, op 'n plank. Laat 'n groot skerp mes op die lengte van sy rug rus, van die horinkie tussen sy steeltjie-oë af. Druk hard op die mes, of kap mes met 'n vleishamer om die dop netjies te kloof. Sny dan die dop in die lengte van die stert oop. Skraap die binnegoed uit, spoel af onder die kraan en tik droog.

Om te braai

Geur die kreef met sout en peper, bestryk met 'n bietjie Knoffelbotter (resep bl. 22) en sit dit vleiskant ondertoe op 'n goed geoliede rooster oor matige kole — maar net lank genoeg om die vleis liggies te verbruin. Keer om, bedruip weer rojaal en laat nog 10–15 minute braai tot die vleis ondeurskynend wit is en maklik los kom uit die dop.

Bedien dan met 'n gepaste sous. My gunstelinge sluit Mayonnaise of die een of ander Mayonnaise-variasie, Pestomayonnaise, of Vars tamatie-salsa met koljander (resepte bl. 68) in.

GEMENGDE SEEKOS-PAKKIES

Stoom is die perfekte kookmetode vir seekos, en dit is presies wat gebeur wanneer jy dit in bladaluminium gaar maak. Kombineer jou gunstelinge uit die volgende lys:

repe of stukke visfilet
garnale, doppe en derm verwyder
blokkies kreefstert
perlemoen, papierdun gesny, en lig geklop
mossels, skulpe verwyder
klein buise of ringe calamari (inkvis)
ontbaarde oesters
alikreukels (kook 5 minute lank en verwyder uit skulpe)
heel kammossels

GEURMIDDELS

**seesout en gemaalde swartpeper
vars gekapte of gedroogde kruie
suurlemoensap**

Bewerk die seekos volgens tipe en sny sover moontlik in stukkies van dieselfde grootte. Hoop die mengsel op vierkante swaar bladaluminium, goed gesmeer met botter. Geur na smaak met sout, peper, kruie en suurlemoensap. Verseël pakkies. Maak gaar op die rooster oor matige kole. Kooktyd hang af van die hitte van die kole en die grootte van die porsie. Maak een van die pakkies na 10–15 minute oop en kyk — vis behoort reeds regdeur ondeurskynend te wees, en garnale en kreef sal pienk en onderdeurskynend wees. Die res word baie vinnig gaar en alles behoort gelyk gereed te wees.

VARIASIES

Voeg 'n klont dik room (vars of suur), 'n skootjie sjerrie en 'n bietjie paprika by voor jy die pakkies verseël. Of verras jou gaste met 'n Oosterse geur-avontuur en voeg 'n spatsel sojasous of soetsuursous, Hoisin-sous, teriyaki-sous of Ketjap Manis by die pakkies.

BEREI VOORUIT

Geen seekos moet lê en wag vir iets om te gebeur nie. Die pakkies kan tot 8 uur voor die braai voorberei en in die koelkas gehou word — niks langer nie.

GARNALE EN LANGOUSTINES

Smaakliker bykos by 'n seekosbraai, of lekkerder voorgeregte vir 'n vleisbraai as garnale en hul groter neefs langoustines (kraaloogkrefies) sal jy nie maklik kry nie.

Voorbereiding

Garnale en langoustines word gewoonlik bevrore gekoop. Ontdooi baie stadig, liefs in die koelkas in 'n vergiettes oor 'n skottel. Trek die derm ('aar') wat langs die rug loop uit. Dop vleis uit, as jy wil. Die meeste mense breek die koppe af.

Om te braai

Braai op die rooster op 'n metaalplaat met knoffel en botter, of ingeryg op dun penne, soos jy verkies.

KNOFFEL-GARNALE OP 'N STOKKIE

Die oortreffendste trap in eetgenot vir liefhebbers van garnale. Langoustines kan gebruik word, maar neem 'n bietjie langer, so altesaam 10–15 minute.

1 kg groot garnale, ontdooi, skoongemaak, in doppe
Knoffel-botter (bl. 22), dubbele hoeveelheid as marinade

Sit die garnale in 'n skottel (nie van metaal nie) en giet die marinade oor; keer garnale om om te bedek. Bedek skottel en hou 1–2 uur in koelkas, langer indien jy wil. Haal garnale uit marinade, ryg aan penne met klein ruimte tussen garnale sodat hitte kan sirkuleer. Braai oor warm kole vir 6–10 minute afhangende van grootte; keer dikwels om en bedruip die kebabs dikwels.

Verhit oorblywende knoffelbotter en bedien as warm sous tesame met volop suurlemoenwiggies.
Genoeg vir 4–6

VARIASIE

Vir 'n tintelwarm smakie, meng 'n vars gekerfde brandrissie of twee by die knoffelbotter, of voeg 'n bietjie brandrissiepoeier of masala by.

Knoffel-garnale op 'n stokkie en Kreef (bladsy 54), bedien met Cajun-rys (bladsy 82) en Knoffelbotter (bladsy 22)

Spitgebraaide lam

HOOFSTUK 5

AAN DIE BRAAISPIT

SPITGEBRAAIDE LAM

Daar is verskeie maniere om hierdie fees der feeste te berei, maar almal beteken dat 'n hele karkas oor die kole gebraai word aan 'n spit wat stadig gedraai word sodat die lam stadig en egalig van alle kante af gaar word.

Wat jy nodig het
- ☐ 'n Jong, maer lam – goed ryp gemaak, met 'n massa minder as 15 kg.
- ☐ 'n Stewige spit ontwerp om die hele karkas oor die kole te dra.
- ☐ 'n Put in die grond, halwe metaalkonkas of 'n geskikte braai-area waarin die vure gemaak kan word.
- ☐ Volop kole, met ekstra vure aan die afbrand om 'n voorraad reserwekole vir tot 5 uur se braai te voorsien.
- ☐ Interessante geselskap en volop koue bier om die ure te verwyl terwyl die lam dopgehou, gedraai, bedruip en bespreek word.
- ☐ Baie hande en skerp messe om die lam voor te sny en te bedien.

Die spit

Mense het al al wat kontrêpsie is uitgedink en, met die uitsondering van die kruisvormige spit wat vir die asadometode gebruik word, werk almal op die beginsel van 'n horisontale balk met twee vertikale stutte. As jy nie wil hê die stellasie moet inmekaartuimel en jou lam in die kole afgooi nie, sorg dat al die onderdele sterk is en stewig staan.

Jy het 'n horisontale balk nodig waaraan die lam gehang word, met twee dwarsbalke om die voor- en agterbene te spalk. Een van hierdie balke kan in posisie vasgesweis word. Die ander bly los sodat jy die lam eers aan die horisontale balk kan kry, en dan word die beweeglike balk vasgemaak. 'n Handvatsel om die karkas te draai word aan die horisontale balk gesweis. Die regop stutte moet baie stewig op die grond staan en moet verstelbaar wees om die horisontale balk met die karkas op verskillende hoogtes bokant die kole te dra.

Ons het allerhande soorte braaispitte ondersoek en ontwerp voor ons op die ideale stellasie afgekom het: 'n bouersbok van die soort wat die steiers stut. Die bok het twee bene, wat elk 'n vertikale pyp-binne-'n-pyp bevat wat sommer dadelik kon dien om die hoogte bokant die kole te wissel en die spit te dra. Al wat nodig was om die bok aan te pas om een of twee lammers te dra, was om die totale lengte van die bok te verleng om een of twee skape te dra. Ons het ekstra lengtes metaal ingesweis in die onderste dwarsbalke wat die bok se pote span, en die ekstra ruimte is sommer ook groot genoeg vir twee halwe konkas van metaal waarin die vuur gemaak kan word.

Om die karkas voor te berei

Sorg dat die karkas skoon is: vee dit goed af met asynlappe en verwyder oortollige vet en onooglike flappe.

Die agterbene moet oopgespalk word, maar daar is twee maniere om die ribbekas-gedeelte te hanteer. Die gewone metode is: Gebruik 'n skerp byl of kloofbyl en kap die ribbekas van die nek af tot tussen die blaaie van die binnekant af deur na amper tot op die ruggraat. Forseer die ribbekas oop en plat. Die karkas is nou reg om aan die horisontale balk gehang te word. Begin by die stertkant, plaas 'n steunbalk al langs die binnekant van die ruggraat en bind dit op drie plekke met draad vas. Bind die agterbene met draad aan die vaste dwarsbalk onder. Stel die beweeglike dwarsbalk só dat dit die voorbene stut en maak die balk met draad aan die horisontale balk vas; bind dan die voorbene met draad aan die dwarsbalk vas.

Om die lam se ribbekas en liesgedeeltes oop te spalk, sny twee dik groen latte en maak die punte skerp. Laat die latte op die lam se rug rus en druk die punte deur die vleis aan elke kant.

As jy bang is jou lam gaan wikkel wanneer jy dit draai, gebruik draad om die rug op verskeie plekke aan die horisontale balk vas te bind.

Die ander metode is om die ribbekas heel te laat en die holte daarbinne te bruik vir geurmiddels. Vryf die holte van binne goed in met sout en peper en verf met olyfolie. Vul die holte met heel lemoene, die skil diep gekeep om die geur vry te stel. Handevol grof gekapte knoffelhuisies en vars roosmaryn kan ook bygevoeg word. Werk dan die pens toe. Nog 'n manier is om stukkies knoffel en takkies vars roosmaryn oral in die vleis in te druk.

Bedruip en marineer

Party mense hou daarvan om hul lam dae lank in 'n badvol geurmengsel te laat lê, terwyl ander om die dood nie sal toelaat dat enigiets behalwe 'n oplossing van sout in water plus die braaivet naby die lam kom nie.

Enige van die marinades en bedruipsouse beskryf op bl. 22 en 23 is geskik vir lamsvleis, maar vir 'n heel lam op die spit het jy 10 maal meer nodig om genoeg marinade te lewer.

Braaityd

Braaityd is iets wat geweldig kan wissel. Op 'n koel wintermiddag kan dit maklik dubbel so lank vat om 'n lam aan die spit gaar te maak as in die hoogsomer, selfs al stel jy in koue weer 'n sinkplaat op om die hitte op die vleis te weerkaats.

By warm weer, laat sowat 4 uur braaityd toe nadat die lam verbruin is. Die sappe van die dikste deel van die kruis moet effens pienk uitloop wanneer jy met 'n vleispen toets, of die interne temperatuur op 'n vleistermometer moet 65 tot 70 °C wees. Daar sal dan reeds volop goedgaar vleis aan die ribbes en buitenste dele van die lam wees vir honger eters wat van hul lamsvleis só hou.

Om voor te sny

Die eenvoudigste en doeltreffendste manier om die lam op te sny is sommer aan die spit. Sit net 'n groot rooster oor die kole, sit skinkborde van vlekvye staal daarop en lig die karkas weg van die kole af. Sny op, en laat die stukke op die skinkborde val, waar hulle lekker warm bly tot die ete begin.

'n Ander metode is om die vleis op 'n stewige tafel voor te sny. Bedek die tafel met dik lae koerantpapier en velle reuklose plastiek. Groot dienplanke, en 'n paar dienborde byderhand sal die voorsnyers help; die dienborde kan oor die kole warm gehou word terwyl die gaste hulle self bedien.

DIE ASADO

Die asado is 'n Argentynse metode om 'n hele karkas oor die kole te braai; die skaap word vasgemaak aan 'n metaalspit wat in die grond geplant is en die karkas teen 'n hoek oor die kole hou. Soos dit braai, smelt die vet en bedruip die vleis op 'n natuurlike manier. Die vet en vleissappe kan opgevang word en verder as bedruiping gebruik word.

Die spit

Ons het hierdie kruisvormige spit op twee maniere probeer maak, een van ronde metaalstawe, en die ander met plat metaalstawe. Die plat stawe hou verskeie voordele in: die skaap word baie stewig vasgehou, die staaf kan stewiger in die grond geplant word, dit buig effens na die fatsoen van die karkas, en van die hitte leun dit mooi vooroor om die skaap oor die kole te hou.

Gebruik plat stawe van 4 cm breed en 6 mm dik. Die lang staaf van die kruis moet 1,6 m wees, en die kort dwarsstaaf 75 cm. Die korte word dan sowat 20 cm van die lang staaf se bopunt dwars aan die lange gesweis om die kruis te vorm. Die langer deel van die hoofstaaf word by die onderpunt afgespits om deur die vleis gesteek te word en om dan in die grond geplant te word.

Die lam

Kies 'n jong, maer lam, goed ryp gemaak, en wat nie meer as 10 kg weeg nie. Met 'n kloofbyl of skerp byl, kap gedeeltelik deur na die ruggraat in die area van die ribbekas. Maak die ribbekas oop en druk dit plat, verwyder die 2 boonste ribbes aan elke kant sodat die hitte tot in die blaaie (skouergedeelte) kan deurdring. Sny oortollige vet en flappe af.

Opstel van die lam

Om die lam aan die spit te ryg, steek die skerpgemaakte punt van die lang staaf deur die vleis, tussen die ruggraat en die vel. Die boude moet naaste aan die kole wees. Bind die agterbene met draad aan die dwarsbalk om gespalk te hou. Sny die vleis aan die binnekant van die agterbene tot op die been oop sodat dit oral mooi egalig kan braai.

Om die karkas te spalk, het jy 3 dik groen latte met skerpgemaakte punte nodig, so lank soos die dwarsstaaf. Plaas die latte oor die lies, blaaie en voorbene. Steek die punte deur die vleis af.

Plant die spit stewig in die grond sodat dit effens oor die kole leun, met die penskant van die lam na die kole toe.

Begin braai deur die kole hoofsaaklik onder die boude op te hoop, wat die langste vat om gaar te word. Na so 30 minute kan jy die kole onder die hele lam gelyk hark. Om die lam om te draai, trek die spit uit die grond, draai dit om en rig die ander kant van die karkas na die hitte. Dit neem so 3 uur om gaar te word, wanneer die binnetemperatuur 65 tot 70 °C op 'n termometer registreer, of die sappe effens pienk uitloop as jy 'n vleispen in die dik dele van die lam druk.

SPITVARKIE

'n Speenvarkie, perfek gebraai op die spit, is iets onvergeetliks. Hoewel varkvleis self maer is, maak die laag spek en die vel buite-om so 'n varkie die ideale keuse vir spitbraai. Die smeltvet bedruip die vleis, terwyl die vel dit beskerm en tot bros krakeling braai.

Kies 'n baie jong varkie wat nie meer as 12 kg weeg nie. Afhangende van die toespyse, sal dit genoeg wees vir omtrent 24 mense. Laat die kop en stertjie aanbly en spalk die karkas oop soos beskryf vir 'n hele lam op die braaispit. As jy verkies om nie die varkie so oop te spalk nie, verwyder die binnegoed deur die pens en laat die ribbes aan die borsbeen bly. Vra jou slagter om die hele vel in 'n diamantpatroon in te kerf. Stop die varkie met sowat 8 appels aan skywe gesny en 'n vuisvol vars kruisement, en werk dan die pens toe met sterk gare of dun tou. Die stomende vrugte en kruie sal die vleis lieflik geur en sappig hou.

Volg in die breë die praktiese wenke soos uiteengesit vir Spitgebraaide lam (bl. 57), maar met die volgende wysigings vir jou speenvarkie:

Bind die varkie baie stewig vas aan die spit met dun draad of tou op afstande van sowat 'n handbreedte.

Moenie varkvleis marineer voor die spitbraai nie, want dan kry jy nie die begeerlike krakeling nie. Jy kan wel droë geurmiddels oor die hele oppervlak invryf, binnekant en buitekant. Gebrande braaispeserye en Sewe Speseryemengsel is ideaal. Braai varkvleis oor matige kole. Pas op vir aanbrand – liefhebbers van krakeling sal jou dit nooit vergewe nie. Die krakeling kan altyd teen die einde laer oor die kole verbros word.

Laat 'n langer braaityd toe vir 'n varkie as vir 'n lam van dieselfde grootte – vir die varkie het jy moontlik 4–5 uur nodig. Sodra die ribbes goed verbruin is, beskerm hierdie deel teen oorgaar braai met foelie, wat dan weer vir die laaste rukkie verwyder kan word om die vel te verbros – strooi 'n mengsel van meelblom en sout oor. Toets teen die einde van die braaityd dikwels vir gaarheid met 'n vleispen ingedruk in die dikste deel van die vleis. Sodra die sappe helder uitloop (binnetemperatuur van 75 °C op 'n termometer) is jou speenvarkie reg.

Spitvarkie (bladsy 58) bedien met Glansvrugte-kebabs (bladsy 92)

AAN DIE BRAAISPIT

HOOFSTUK 6

POTJIEKOS

Potjiekos sal seker nooit sy weg na die gourmet-restaurante vind nie, maar vir onse mense wat graag buite onthaal en iets soek om hul reeks geregte uit te brei, lê potjiekos na aan die hart. So 'n ruk gelede was daar 'n groot gier vir potjies, met wedstryde en al, en waar jy ook al gekom het, was daar 'n potjie aan die prut in die jaart. Party van die geregte was heerlik; ander 'n aaklige doodgekookte pappery, wat die geesdrif vir potjiekos 'n bietjie gedemp het. Hierdie resepte plaas potjiekos in 'n heel ander klas as die alombekende ou "pak in lae en moenie roer nie"-potjie. Probeer hulle gerus – jou potjiekos sal nooit weer dieselfde wees nie.

PAMPOEN IN 'N POTJIE

Vul 'n uitgeholde pampoen met groente, bak dit in 'n potjie en bedien dit as 'n indrukwekkende hoofgereg of bykos.

1 kleinerige pampoen, enige soort, sowat 1,5–2,5 kg
30 g (30 ml) botter
24 piekeluitjies, afgeskil
10 huisies knoffel
300 g jong groenbone
300 g jong melkerige mielies of 400 g-blik heel mieliepitte
300 g piepklein geelworteltjies
250 ml room
100 g (250 ml) gerasperde Cheddar
10 ml Dijon-mosterd
sout en gemaalde swartpeper
gerasperde neutmuskaat

Bereiding van Pampoen in 'n potjie

Sny 'n 'deksel' uit die stingelkant van die pampoen. Skep die pitte uit en gooi weg.

Verhit die botter in 'n middelgroot kastrol en soteer die uie en knoffel tot baie liggies verglans. Bedek, verminder die hitte en stoom tot die uie halfgaar is. Voeg die res van die groente by (sny die mielies en geelwortels in die lengte middeldeur as hulle aan die groot kant is) en meng aan in die kastrol om met die botter te bedek. Voeg die room, kaas en geurmiddels by en meng deeglik.

Skep die groente in die pampoen, voeg die potsous by, sit die 'deksel' op en sit die gevulde pampoen in 'n potjie van binne gesmeer met botter – kies 'n potjie net groot genoeg om die pampoen te bevat. Nestel tussen lae kole en sit 'n skopvol kole op die potdeksel sodat die pampoen van alle kante af kan bak.

Kooktyd is sowat 2 uur.
Genoeg vir 8

STYWEPAP

As jy 'n toegewyde pap-eter is, is dit moeilik om jou 'n braai daarsonder voor te stel – veral pap met Gekruide tamatiesous (bl. 68) of Ratatouille (bl. 81) – as bykos vir geurige stukke boerewors. Kook jou pap in 'n potjie tussen die kole of in 'n swaar pot op die stoof.

1 liter water
5 ml sout
500 ml growwe mieliemeel
30 g (30 ml) botter

Laat die water en sout in 'n groot pot kook. Voeg al die mieliemeel met een slag by, meng met 'n houtlepel, bedek en laat sowat 30 minute oor baie lae hitte kook sonder om te roer. Meng die botter by en bedien warm.
Genoeg vir 4–6

KRUMMELPAP

Hierdie pap is ook bekend as putu, maar dit is meer krummelrig as stywepap. Eters druk die pap gewoonlik in balletjies om vleissous mee op te vee. Tradisievaste kenners eet gewoonlik geen ander soort sous met krummelpap nie.

1 liter water
5 ml sout
750 ml growwe mieliemeel
30 g (30 ml) botter

Kook water met sout in potjie. Roer die mieliemeel stadig by. Bedek en kook 30–40 minute oor baie lae hitte; roer al om die 10 minute. Roer die botter deur net voor bediening.
Genoeg vir 4–6

POTBROOD

Iewers in die verre verlede het ons voorouers balletjies brooddeeg in die geurige dieptes van 'n bredie gaar gemaak, of 'n groot bal brooddeeg as potbrood gebak in 'n swaar ysterpot staangemaak tussen die kole van die kampvuur. Potbrood is vandag nog gewild en toegewydes hou spesiale potte net vir hul potbrood aan.

Gebruik enige van die deegsoorte in die afdeling wat op bl. 87 begin.

Smeer die potjie eers baie goed voor jy die deeg daarin sit en bak die potbrood oor koelerige kole. Skep 'n graafvol kole op die potdeksel om die kors mooi bros te bak.

Nog 'n manier is om die potbrood te bak op 'n broodpan wat op 'n rak in die pot staan. Jy kan 'n koppie of wat kokende water in die pot gooi om onder die rak en broodpan te prut – dit beskerm ook die brood teen oormatige hitte. Die water in die pot moet so al om die 20 minute vervang word; dit is verbasend hoe gou pruttende water verdamp al pas die potdeksel hoe styf. Wanneer die brood deurgebak is, verbros jy die kors op die rooster oor die kole.

Baktyd wissel volgens die bakmetode en ook volgens die hitte van die kole, maar 1–1½ uur behoort lank genoeg te wees vir brood wat oor pruttende water gebak word. Dit gaan egter gouer as die brood regstreeks in die potjie gebak word. Die brood is gaar wanneer 'n metaalpen skoon uitgetrek word. Laat afkoel, en bedien met volop botter.

MEDITERREENSE HOENDER-POTJIE

'n Robuuste gereg, met die kleure en geure van die Mediterreense kookkuns. Vir 'n effens meer ekonomiese gereg, sny 'n heel hoender op en gebruik dit in plaas van die hoenderdye.

8–10 hoederdye
sout en gemaalde swartpeper
meelblom
olyfolie
1 groot ui, in skywe
2–3 huisies knoffel, gepers
4 ryp tamaties, vel afgetrek, gekap, of 400 g-blik tamaties
65 g-blik tamatiepasta
15 ml asyn
125 ml droë witwyn
125 ml hoenderaftreksel
15 ml gekapte vars kruie (basiliekruid, tiemie, orego, pietersielie) of 5 ml gedroogde gemengde kruie
2 ml suiker
1 rooi of groen soetrissie, ontpit en gekerf
10 ansjovis-filette, gekap (opsioneel)
16 swart olywe
vars gekapte pietersielie vir garnering

Verwyder die vel en sigbare vet van die hoender. Geur met sout en peper; bestuif met meelblom. Verhit 'n bietjie olyfolie in die potjie en verbruin 'n paar stukke hoender op 'n slag. Sit opsy.

Soteer die ui en knoffel in die oorblywende olie (voeg nog 'n bietjie by indien nodig) en roer dan die tamatie, tamatiepasta, asyn, wyn, aftreksel, kruie en suiker by. Nestel die hoenderstukke in die sous, bedek en kook baie saggies vir sowat 45 minute tot gaar. Voeg die soetrissie en olywe eers sowat 10 minute voor die kooktyd verstryk by.

As jy die sous wil verdik, skep die hoender en groente oor in 'n verwarmde dienskottel. Meng 5–10 ml meelblom tot 'n gladde pasta met 'n bietjie van die warm potsous; meng dit dan in die kokende sous in en roer gedurig terwyl dit 'n paar minute lank opkook. Giet oor die hoender, garneer met volop gekapte pietersielie. Bedien met rys of vars gekookte pasta en 'n fleurige groenslaai.
Genoeg vir 4–6

BEREI VOORUIT
Die geur van hierdie dis verbeter as dit 'n dag of twee tevore berei word. Herverhit saggies net voor bediening.

DRONK HOENDER-POTJIE

Daar's 'n enorme hoeveelheid room en drank nodig vir hierdie resep maar glo my, dis elke druppel werd. Daardie sous is hoenderkop-heerlik . . . Gebruik 'n potjie net groot genoeg vir die hoender – of kook twee hoenders tegelyk.

1 vet jong hoender
sout en gemaalde swartpeper
bossie kruie (lourierblaar, pietersielie, tiemie, orego)
sonneblomolie
2 geelwortels, fyn gekap
1 stingel seldery, fyn gekap
1 ui, fyn gekap
250 ml witwyn
125 ml droë sjerrie
125 ml brandewyn
250 ml room
15 ml koue botter

Was die hoender, tik droog en geur liggaamsholte met sout en peper. Stop die kruie in die holte; voeg 'n knoffelhuisie of twee by as jy wil.

Verhit 'n bietjie olie in 'n potjie net groot genoeg vir die hoender. Verbruin aan alle kante. Nie te veel nie – 'n sagte goudbruin is al wat nodig is. Haal die hoender uit en roer die geelwortel, seldery en ui by die potsous. Voeg nog 'n bietjie olie by indien nodig. Bedek en laat die groente sowat 5 minute lank oor lae hitte 'sweet' tot lekker sag, maar sorg dat die groente nie verbruin nie.

Kombineer intussen die wyn, sjerrie en brandewyn en verhit. Sit die hoender terug in die pot, voeg die drankmengsel by die hoender en groente. Bedek en laat baie saggies prut tot die hoender gaar is (sowat 1 1/4 uur).

Haal die hoender uit en hou warm. Giet die vloeistof deur 'n sif; pers die geursap uit groente. Gooi die vloeistof terug in die potjie en laat die helfte wegkook. Voeg die room by en laat verder wegkook en verdik. Roer die botter in die sous, proe vir geur, en voeg 'n bietjie sout by indien nodig. Sny die hoender aan porsies en plaas terug in die pot. Skep saam met die sous uit, of bedien die vleis en sous apart.
Genoeg vir 4–5

OUTYDSE TARENTAAL-POTJIE

'n Ryk, stewige potbraai-gereg vir koel dae en groot aptyte. As tarentaal nie beskikbaar is nie, gebruik twee klein hoendertjies of 'n eendjie, wat net so smaaklik is in hierdie resep.

3 tarentale
tarentaal-afval (nie die lewers nie)
botter en olie vir potbraai
250 g swoerdlose streepspek, gekap
1 groot ui, fyn gekap
10–12 huisies knoffel, geskil
groot bossie vars kruie
 (pietersielie, tiemie, orego)
 of 'n gedroogde bouquet garni
375 ml droë rooiwyn
500 ml hoenderaftreksel
sout en gemaalde swartpeper

OM DIE SOUS TE VOLTOOI
200 ml portwyn
45 ml bosbessie-jellie
 ('cranberry jelly')
300 g knoppiesampioene, in skyfies

Sny die tarentale reg en halveer. Braai die spekvleis in 'n bietjie botter en olie in 'n groot potjie tot taamlik bros. Roer die ui en knoffel by en braai tot die ui sag is. Verbruin die tarentaal en afval liggies in die pot. Voeg die kruie, wyn en aftreksel by; geur liggies met sout en peper. Bedek of potbraai saggies vir 2 tot 2 1/2 uur tot die voëls sag is.

Plaas die tarentale op 'n dienbord. Ontvet die sous. Verwyder die stukkies en brokkies uit die sous met 'n dreineerlepel en gooi weg. Voeg die portwyn, bosbessie-jellie en sampioenskyfies by die sous. Kook 'n paar minute tot sampioen sag is. Proe vir geur en kontroleer dikte. Giet die sous oor en garneer met vars kruie.
Genoeg vir 6

BEREI VOORUIT
Nog lekkerder indien vooruit gemaak en herverhit, en dis makliker om die sous te ontvet wanneer dit koud is.

BEESSTERT-POTJIE

Proe net een mondvol, en dis verby met alle ander potjies. Die geheim is baie lank (tot 3 uur) en baie saggies (net-net prut) gaar maak tot die vleis sommer so voor die vurk van die bene afval. Die baie fyn gekapte groente kook weg in die aftreksel tot die heerlikste potsous.

1,5 kg beesstert, in stukke
meelblom
kookolie
4–6 huisies knoffel, gepers
2 groot uie, fyn gekap
2 groot geelwortels, fyn gekap
2 stingels seldery, fyn gekap
1 groot raap, fyn gekap
1 vars of gedroogde kruiebossie
 (lourierblaar, tiemie, orego)
gerasperde skil en sap van 1 klein
 suurlemoen
5–6 ryp tamaties, vel afgetrek, gekap,
 of 400 g-blik tamaties
375 ml biefaftreksel
250 ml droë rooiwyn
sout en gemaalde swartpeper
20 piekeluitjies, geskil

Bestuif beesstert met meelblom. Verhit 'n bietjie olie in 'n groot potjie en verbruin vleis alkante goed, verkieslik 'n paar stukke op 'n slag. Roer die knoffel, groente, kruie, suurlemoenskil en -sap by. Voeg die gekapte tamatie (indien geblik, met vloeistof), aftreksel en wyn by. Geur met sout en peper, bedek en verskuif na baie lae hitte om sowat 2 1/2 uur baie saggies te prut. Roer af en toe deur.

Voeg piekeluitjies by en druk af in die sous. Kook stadig tot uitjies gaar is. Die vleis behoort nou al smeltsag te wees. Skep die vet af en proe vir geur; voeg nog sout en peper by indien nodig.

As vars pietersielie byderhand is, kap en garneer die gereg daarmee.

Sit voor met rys, of met Aartappelgebak met kruie (resep bl. 85).
Genoeg vir 6

BEREI VOORUIT
Die beesstert is nog smaakliker indien dit vooruit berei en in die koelkas gehou word. Skep oor in geskikte dienbord en herverhit in die oond of mikrogolfoond of in die potjie oor die kole.

POTJIE-KALKOEN MET GESPESERYDE RYSVULSEL

Waarom Kersdag in ons sonnige land binnenshuis deurbring as jy die heerlikste kalkoen so maklik buite oor die kole kan braai?

1 self-bedruipende kalkoen, sowat 3,5 kg, ontdooi
olie en botter vir gaar maak
sout en gemaalde swartpeper
bossie vars kruie
gerasperde skil van 1 lemoen
250 ml lemoensap
250 ml droë witwyn
250 ml water

GESPESERYDE RYSVULSEL
50 g (50 ml) botter
klein bossie sprietuie, fyn gekerf
100 g sampioene, fyn gekap
2 stingels seldery, gekerf
60 ml sultanas
1 eier
2 ml gemaalde koljander
2 ml gemaalde kaneel
2 ml gemaalde gemmer
250 ml gaar rys
100 g okkerneute, gekap

VULSEL Smelt die botter en versag die sprietui, sampioen en seldery daarin. Haal van die hitte af; meng die sultanas, eier, speserye, rys en neute by en geur met sout en peper. Stop die buik- en nekholtes van die kalkoen en bind die voël netjies op.

Verhit 'n groot potjie oor matig warm kole, voeg botter en olie by en verbruin die kalkoen aan alle kante. Giet die oortollige vet af, keer die kalkoen op sy rug en geur met sout en peper. Druk vars kruie rondom die kalkoen in. Meng die lemoenskil en -sap, wyn en water en giet oor die kalkoen. Bedek en maak baie saggies gaar; bedruip af en toe tot die vleis baie sag voel wanneer 'n vleispen in die dystuk gedruk word (sowat 2 uur). Hou die hoeveelheid vloeistof in die pot dop en voeg af en toe nog warm water by indien nodig.

Verwyder die kruie en gooi weg. Sit die kalkoen op 'n voorsnyplank in die middel van 'n skinkbord en garneer met vars kruie. As jy dit warm wil bedien, hou dit onder 'n tent van bladalumium terwyl jy die sous as volg voltooi: Klits 'n *beurre manie* (gelyke hoeveelhede sagte botter en meelblom) by die potsous in en kook tot verdik. Of laat kalkoen afkoel, garneer met volop vars kruie en sit koud voor met kruiery en slaaie.
Genoeg vir 8–10

SEEKOS-POTJIE

As die seekos eers skoongemaak is (jy kan dit die dag tevore al doen), is hierdie potjie baie gou klaar. As jy nie al die seekos in die resep byderhand het nie, vereenvoudig dit gerus, maar onthou om vir die verlore massa te vergoed deur die hoeveelhede van die res ooreenkomstig te vergroot. Geskikte vissoorte is koningklip, engelvis, geelbek, kabeljou, en rooi- en witsteenbras.

1 kg gefileerde vis
4–5 kreefsterte
400 g groot garnale, koppe af
400 g calamari-tentakels (buise)
36 swartmossels of 900 g-blik mossels, gedreineer
60 ml olyfolie
2 uie, in skywe
4 groot ryp tamaties, vel afgetrek, gekap, of 400 g-blik tamaties
5 ml geperste knoffel
5 ml borrie
60 ml gekapte pietersielie of 10 ml gedroogde pietersielie
sout en gemaalde swartpeper
warm water

Fileer en sny die vis in groterige blokkies op. Ontaar die kreef en garnale (laat doppe aanbly). Sny kreef in stukkies. Maak die calamari-buise skoon en sny in ringe. Spoel mossels goed af onder koue kraan en, as jy vars mossels gebruik, trek die baard uit.

Verhit die potjie oor die kole, voeg olie by en soteer die ui tot lig verbruin. Roer die tamatie, knoffel, borrie, die helfte van die gekapte pietersielie, en die sout en peper by. Klam aan met sowat 'n halfkoppie warm water. Bedek en laat 5–6 minute prut (krap van die kole weg om 'n matige hitte vol te hou).

Nestel die stukke vis en kreef in die sous, bedek en laat 5–6 minute prut tot net-net gaar. Voeg die calamari-ringe en mossels by en druk hulle onder die sous in (voeg nog 'n bietjie warm water by indien nodig). Bedek en laat baie saggies prut vir 1–2 minute tot die mossels oopgaan en die calamari regdeur ondeurskynend en smeltsag is, en al die seekos perfek gaar is. Proe vir geur, en strooi die oorblywende pietersielie oor.

Bedien dadelik.
Genoeg vir 8–10

BIEF-POTJIE

Ryk aan geur en vra om saam met rys of 'n aartappelgereg bedien te word.

1,5 kg stowe-beesvleis
60 ml meelblom
5 ml paprika
5 ml sout
5 ml gemaalde swartpeper
sonneblom- of olyfolie vir gaar maak
2 groot uie, grof gekap
10 ml geperste knoffel
150 ml droë rooiwyn
250 ml biefaftreksel
45 ml (70 g-blik) tamatiepasta
1 reep lemoenskil
2 lourierblare
1 stokkie kaneel
6 heel kruienaeltjies
18–20 klein piekeluitjies

Sny die vleis reg en sny op in groot blokkies. Meng die meelblom, paprika, sout en peper. Verhit die potjie, voeg olie by en verbruin vleisblokkies goed. Meng die gekapte (groot) uie by en kook tot dit sag is. Voeg al die ander bestanddele *behalwe* die piekeluitjies by. Bedek en laat baie saggies prut tot die vleis byna sag genoeg is (sowat 1½ uur, afhangende van die snit vleis). Voeg die piekeluie by en laat nog so 20 minute prut tot sag.
Genoeg vir 6–8

BEREI VOORUIT
Soos die meeste stowegeregte, kan die gereg herverhit word – dit smaak nog lekkerder na 'n dag of twee wanneer die geure ontwikkel het.

Seekos-potjie (bladsy 64)

HOOFSTUK 7

SOUSE EN SLAAISOUSE

Iemand wat die kuns bemeester om souse te maak, kan voor konings staan.

'n Braai is dikwels 'n vinnige maal wanneer die gesin nie lus het vir moeite nie, of nou nie juis oorloop van inspirasie nie; 'n geleentheid wanneer sommige mense meen dis genoeg om 'n paar tjops op die kole te gooi en 'n haastige slaaitjie aanmekaar te slaan. Hoe lyk dit met 'n bietjie geesdrif om jou reputasie te red? Die meeste van hierdie souse kan taamlik lank voor die braai berei word, talle kan vinnig gemaak word, en almal lok uitroepe van bewondering uit.

VINAIGRETTE

Die klassieke mengsel vir 'n slaai. Dit hou weke lank in die koelkas.

500 ml olyf- of sonneblomolie
   (of meng die twee)
125 ml wynasyn
60 ml suurlemoensap
2 ml Dijon-mosterd
2 ml geperste knoffel (opsioneel)
2 ml sout
gemaalde swartpeper

Kombineer al die bestanddele en bêre in die koelkas. Skud die fles voor jy van die sous oor die slaai giet.
Lewer 700 ml

Amerikaanse braaisous; Tamatie-salsa met koljander; Kruie-vinaigrette; Grootman se sous; Gekruide tamatiesous; Mayonnaise en Pesto-mayonnaise (bladsye 67–69)

KRUIE-VINAIGRETTE

Hierdie vinaigrette moet vars aangemaak word – nooit langer as 'n dag tevore nie.

45 ml olyfolie
60 ml wynasyn
2 ml bruinsuiker
5 ml Dijon-mosterd
2 huisies knoffel, gepers
6 groot kruisement-blare
   of 2 ml gedroogde ment
30 ml gekapte pietersielie
   of 5 ml gedroogde pietersielie
blaartjies van 1 takkie tiemie
   of 1 ml gedroogde tiemie
sout en gemaalde swartpeper

Meng alles in menger of voedselverwerker, giet in 'n fles en hou in die koelkas.
Lewer sowat 125 ml

VINAIGRETTE MET HEUNING EN SOJA

'n Mengsel van olies voeg 'n lieflike geurdiepte by hierdie slaaisous. Vir ekstra neutsmaak, garneer die slaai met geroosterde sesamsaad.

80 ml suurlemoensap
60 ml sonneblomolie
60 ml olyfolie
15 ml sesamolie
30 ml sojasous
30 ml heuning

Kombineer bestanddele in kastrolletjie en verhit baie saggies net tot heuning genoeg smelt om met die res van bestanddele gemeng te word. Laat afkoel en giet dan oor die slaai.
Lewer 250 ml

MAYONNAISE

Hierdie sous is so veelsydig en nuttig dat 'n mens dit altyd byderhand moet hê. Jou tuisgemaakte mayonnaise is baie lekkerder as die gekoopte soorte en hou weke lank in die koelkas.

3 heel eiers
2 eiergele
5 ml droë Engelse mosterd
5 ml sout
2 ml witpeper
30 ml wit asyn
30 ml suurlemoensap
750 ml sonneblomolie

Sorg dat al die bestanddele by kamertemperatuur is. In 'n voedselverwerker, menger of met 'n elektriese handmenger, klits die heel eiers, eiergele, mosterd, sout en peper tot liggeel en dik. Met die masjien nog aan die loop, voeg die asyn en suurlemoensap bietjies-bietjies by. Voeg dan die olie in 'n dun, dun straaltjie by – dis die groot geheim om skei te voorkom.
Lewer 1 liter

By 250 ml van die basiese mayonnaise, voeg die volgende by vir variasies:

KRUIE-MAYONNAISE
125 ml fyn gekapte vars kruie – kies jou spesiale gunstelinge – pietersielie, dille, koljander, dragon, tiemie, marjolein, basiliekruid, grasuie

TARTARE-SOUS
2 hardgekookte eiers, fyn gekap
15 ml gekapte pietersielie
15 ml gesnipperde grasui of sprietui
15 ml kappertjiesade
10 ml Dijon-mosterd

SEEKOS-SOUS
125 ml room
15–30 ml tamatiesous
knypie cayenne-peper of paprika
skootjie brandewyn (opsioneel)

JOGHURT-SOUS MET SPESERYE
250 ml ongegeurde joghurt
5 ml suurlemoensap
5 ml kerriepoeier

PEPERWORTEL-SOUS
125 ml peperwortel-moes
60 ml room

TAPENADE-MAYONNAISE
200 g calamata-olywe, gepuree
6–8 ansjovis-filette, gedreineer, gekap
2 huisies knoffel, gepers
30 ml kappertjiesade
2 groot sprietuie, fyn gekap
80 ml olyfolie

PESTO-MAYONNAISE

Perfek vir vis en hoender, en kan tot 5 dae lank verkil word sonder verlies van geur.

50 g (80 ml) gesoute grondbone
1–2 huisies knoffel
125 ml dig gepakte basilie-blaartjies
250 ml Mayonnaise (resep links)

Plaas die grondbone, knoffel en basilie in 'n voedselverwerker en meng tot 'n fyn, gladde pasta. Meng die mayonnaise by, skep oor in 'n bakkie en hou verkil tot net voor bediening.
Lewer sowat 350 ml

GEKRUIDE TAMATIESOUS

Gebruik enige van jou gunsteling kruie vir hierdie sous – basilie is my liefling, maar tiemie, marjolein en orego is ook heerlik. Of meng twee of meer van hierdie kruie as jy avontuurlik voel. As jy gedroogde kruie moet gebruik, toets eers vir varsheid en werk met 'n baie ligte hand.

4 groot ryp tamaties
    of 400 g-blik tamaties
2 uie, baie fyn gekap
30 ml olyf- of sonneblomolie
2 ml geperste knoffel
15 ml gekapte kruie
    of 2 ml gedroogde kruie
30 ml gekapte pietersielie
    of 10 ml gedroogde pietersielie
knypie suiker
knypie paprika
sout en gemaalde swartpeper

Giet kookwater oor tamaties, trek velle af en kap. Soteer die ui in olie tot lig verbruin. Voeg die res van die bestanddele by en kook flink vir 5–6 minute sonder deksel tot die sous verdik; roer af en toe. Proe vir geur. Puree die sous in 'n verwerker of menger, of laat dit net so bly as jy die growwer tekstuur verkies. Bedien warm of koud, of koel.
Genoeg vir 4

VARIASIES
Voeg gekapte ontpitte brandrissies of swart olywe by.

BEREI VOORUIT
Verseël kan hierdie sous tot 4 dae lank in die koelkas staan. Word met welslae bevries.

TAMATIE-SALSA MET KOLJANDER

'n Baldadige Mexikaanse sous wat nie eens gekook word nie.

2–3 groot ryp tamaties, gekap
1 klein ui, fyn gekap
1–2 huisies knoffel, gepers
2–3 rooi brandrissies,
    ontpit en baie fyn gekap
30 ml olyfolie
15 ml wynasyn
5 ml suiker
2 ml sout
bossie vars koljander, grof gekap

Meng al die bestanddele *behalwe* die koljander. Bedek en laat minstens 2 uur staan vir die geure om te meng; verkil dan in die koelkas. Roer die koljander deur net voor die sous bedien word.
Genoeg vir 4–6

GROOTMAN SE SOUS

'Old Man Sauce', van die sestigerjare al 'n gunsteling in braai-restaurante met enige soort biefstuk.

1 klein ui, baie fyn gekap
2 ml geperste knoffel
30 g (30 ml) botter
20 ml meelblom
20 ml Dijon-mosterd
5 ml Engelse mosterd
125 ml biefaftreksel
200 ml room
30 ml brandewyn
sout en gemaalde swartpeper

Versag die ui en knoffel in die botter in 'n klein kastrolletjie. Haal van die plaat af en meng die meelblom, albei soorte mosterd, aftreksel en room deur. Laat 'n paar minute lank kook (roer gedurig), voeg dan die brandewyn by en geur na smaak met sout en peper.
Genoeg vir 6–8

GROENPEPER-SOUS

'n Klassieke sous vir biefstuk. Dit verrig wondere vir hoender ook.

1 klein ui, baie fyn gekap
30 g (30 ml) botter
15 ml groen peperkorrels
30 ml brandewyn (opsioneel)
15 ml meelblom
250 ml biefaftreksel (of hoenderaftreksel vir pluimvee)
5 ml Dijon- of Franse mosterd
125 ml room
sout en gemaalde swartpeper

Versag die ui in die botter in 'n klein kastrolletjie. Voeg die peperkorrels by (druk party fyn maar laat ander heel bly vir die mooi). Haal die kastrol van die plaat af, voeg verwarmde brandewyn by en vlam dit. Meng die meelblom deur, voeg dan die aftreksel, mosterd en room by. Kook (roer aanhoudend om mee te begin) tot die sous verminder en verdik (so 3 minute). Proe vir geur en stel reg met nog sout en peper.
Genoeg vir 6–8

VINNIGE SATAY-SOUS

Die egte resep vir 'n eksotiese sous waarin die tradisionele bestanddele van klapper, grondbone en brandrissie sonder weerga gebalanseer is in 'n geurige, eksotiese mengsel. Dit hou tot 'n week lank goed.

200 ml klappermelk*
15 ml mielieblom
60 ml grondboontjiebotter (glad of korrelrig)
30 ml sojasous
30 ml medium sjerrie
5 ml sesamolie
5 ml gestampte gemmerwortel of 2 ml gemaalde gemmer
1 ml gemaalde komyn
1 ml brandrissie-poeier
sout

* *Klappermelk is te koop in vloeibare of poeiervorm. Of meng 200 ml droë klapper in 300 ml warm water in 'n voedselverwerker of menger, en syg dan deur.*

Kombineer die bestanddele in 'n klein kastrolletjie, laat opkook en laat dan prut (roer gedurig) tot glad en dik. Bedien warm of koud.
Genoeg vir 6–8

AMERIKAANSE BRAAISOUS

Die egte, tradisionele 'barbecue sauce' vir dié wat van 'n skerp kragsous hou. Kan tot 2 maande in koelkas staan.

1 groot ui, fyn gekap
2 groot huisies knoffel, gepers
30 ml sonneblomolie
10 ml gestampte gemmerwortel of 5 ml gemaalde gemmer
125 ml tamatie-puree
125 ml wynasyn
80 ml Worcestershire-sous
60 ml bruinsuiker
5 ml droë Engelse mosterd
2 ml brandrissie-poeier
5 ml paprika
15 ml suurlemoensap
2 lourierblare
5 ml sout
gemaalde swartpeper

Versag die ui en knoffel in olie in 'n middelgroot kastrol. Voeg res van bestanddele by, bedek en laat 5 minute prut. Haal deksel af en kook nog 5 minute tot die sous verdik. Roer af en toe – dit brand maklik aan. Verwyder die lourierblare, giet die sous in fles en verkil.
Lewer sowat 450 ml

SOUSE EN SLAAISOUSE

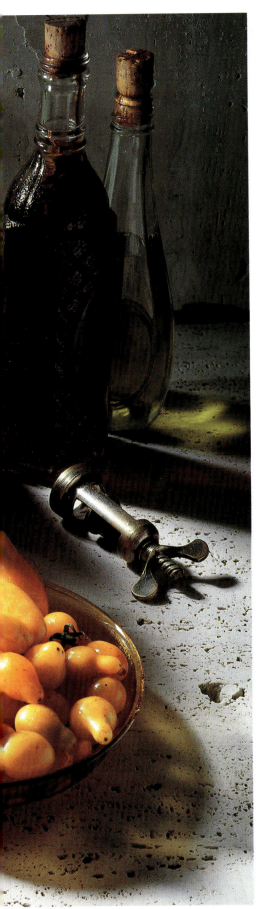

Die groot groenslaai (bladsy 72)

HOOFSTUK 8
TOESPYSE

Dis groot pret om die toespyse en bykosse vir 'n braai te beplan. Jy hoef jou mos nie heeldag in die kombuis af te sloof om die hoofgereg te berei nie, dus het jy meer tyd om skeppend te dink en doen met hierdie bykomende geregte. Maar wat jy ook al berei, sorg dat jy die beste en varsste bestanddele gebruik.

As jou slaaigoed moeg en afgeleef lyk, beplan liewer iets wat nie vars groente vra nie. Daar's baie wenke in die volgende bladsye — party eenvoudig, ander meer ingewikkeld en ontwerp vir die dae wanneer jy wil spog.

GEKRUIDE LEMOENSLAAI

'n Baie besonderse slaai. Vir die meeste geur, gebruik die pers uie wat nie so skerp is nie, of vervang die ui met salotte of sprietuie. En kies jou asyn en olie sorgvuldig — die ruwe soorte het 'n wilde smaak.

6 sappige lemoene
45 ml asyn (wynasyn, appelwyn-asyn of gekruide asyn)
80 ml olyfolie, of olyf- en sonneblomolie om die helfte
6–8 salieblare, gekap
2 takkies orego, gekap
1 pers ui, in ringe gesny
gemaalde swartpeper
125 ml swart olywe
vars kruie vir garnering

Skil die lemoene, sny middeldeur en sny in plat skywe. Meng aan in die asyn, olie en kruie. Verkil sowat 30 minute in die koelkas, en voeg dan die ui by en geur met gemaalde peper. Rangskik die olywe op die lemoenskywe en garneer met kruie. Die slaai moet dadelik bedien word, anders smaak die lemoen na ui en die hele eenvoudige sjarme van die slaai is daarmee heen.
Genoeg vir 6–8

KATJOOMER

'n Aromatiese, pikante Indiese slaai. As rou uie 'n bietjie te skerp is na jou smaak, kan jy dit eers baie vlugtig in kookwater blansjeer voor dit met die tamatie en die slaaisous gemeng word.

6 ferm, ryp tamaties, aan stukke gesny
2 uie, in taamlike dik ringe
volop vars koljanderblare

KATJOOMER-SOUS
15 ml komynsaad
5 ml sout
10 ml suiker
125 ml wynasyn
45 ml suurlemoensap

Stamp die koljandersaad en gooi oor in 'n fles met 'n skroefdeksel, voeg die res van die bestanddele vir die slaaisous by en skud die fles goed om te meng. Kombineer die tamatie en uie in 'n slaaibak en giet die slaaisous oor. Garneer met volop koljanderblare net voor bediening.
Genoeg vir 6

BEREI VOORUIT
Stel hierdie slaai saam net voor jy dit bedien om die vars geur te behou. Die slaaisous kan 'n paar dae tevore gemeng word en in die koelkas gehou word.

GRIEKSE SLAAI

'n Tradisionele Griekse slaai is nie sommer net 'n basiese bak groengoed met gekapte tamatie vir die rooi, stukkies feta-kaas en 'n paar olywe nie. Dis veel eerder 'n karaktervolle, kopslaai-lose aanbieding van hierdie bestanddele met uie en vinaigrette gegeur met kruie en knoffel.

4 groot ryp ferm tamaties, in kwarte
¼ Engelse komkommer, in ringe (opsioneel)
1 klein ui, in dun ringe gekerf
100–150 g feta-kaas, in blokkies
18–24 calamata-olywe
Kruie-vinaigrette (resep bl. 67)
gekapte pietersielie

Meng die tamatie, komkommer en ui in 'n groot bak. Voeg die feta en olywe by en giet vinaigrette rojaal oor. Garneer met volop gekapte pietersielie.
Genoeg vir 4

MAAK VOORUIT
Jy kan, ja, maar nie langer as 4 uur vooruit nie, want tamatie is geneig om pap te word. Bedek en verkil. Voeg slaaisous en garnering net voor bediening by.

CAESAR-SLAAI

Hierdie beroemde slaai het in die twintigerjare in suidelike Kalifornië ontstaan. Langblaarslaai is die tradisionele keuse.

2 koppe langblaarslaai (bindslaai) of gemengde slaaigroente

SLAAISOUS
80 ml olyfolie
45 ml suurlemoensap
1 huisie knoffel, gepers
3 ansjovis-filette, gedreineer en gekap
1 eier
gemaalde swartpeper

CROÛTONS
4 dik snye ou brood, korsies afgesny, in blokkies
1 huisie knoffel, gekap
olyf- of sonneblomolie (of gemeng)

GARNERING
45 ml gerasperde parmesaan-kaas
3 ansjovis-filette, gedreineer en gekerf

CROÛTONS
Verhit die olie in 'n swaar braaipan, voeg die knoffel by en laat goudbruin braai. Voeg die broodblokkies by en keer dikwels om om egalig aan alle kante te braai. Dreineer goed op kombuispapier en laat afkoel. (Croûtons kan verskeie dae vooruit gemaak word en in 'n lugdigte fles gebêre word.)

Stel die slaai net voor bediening saam. Skeur die slaaiblare en plaas in 'n slaaibak, meng die sousbestanddele as jy dit nie vooruit gedoen het nie, en sprinkel oor die blare. Strooi die kaas oor en garneer met die ansjovis-repies en croûtons.
Genoeg vir 6

GEMARINEERDE KOOLSLAAI MET SELDERY

Hierdie slaai is altyd 'n treffer by 'n braai en hou 2 weke lank in die koelkas. Hou verseël en dreineer voor bediening.

½ kop kool
1 bossie sop-seldery
2 groot uie

SLAAISOUS
250 ml sonneblomolie
250 ml wit asyn
250 ml suiker
5 ml karwysaad (opsioneel)
sout en gemaalde swartpeper
1 ml droë Engelse mosterd

Kerf die kool baie fyn. Verwyder selderyblare (gooi weg); kap die stingels baie fyn. Kap of sny die uie baie fyn. Meng die groente in 'n bak.

Kombineer die bestanddele vir die slaaisous in 'n kastrol en verhit tot kookpunt; roer om die suiker op te los. Giet die warm slaaisous oor die groente en meng aan. Bedek en verkil voor die slaai bedien word.
Genoeg vir 8–10

DIE GROOT GROENSLAAI

Slaaie is lank nie meer 'n eentonige, vervelige aanhangsel van 'n hoofgereg van vleis nie. Slaaie het inderdaad hul regmatige plek in die middel van die kosverhoog ingeneem. Slaaie in die nuwe styl beantwoord aan die vereistes vir gesondheid en geur wat vandag se meer ingeligte eters stel, en daar is veel meer klem op die visuele aantreklikheid van kunstige samestelling.

'n Groenslaai hoef ook nie meer net uit groenigheid te bestaan nie – verhelder dit met vars geplukte kruie en kleurryke bros groente, rou of geblansjeer soos verkies. Kies uit klein kersie-tamatiejies, piepklein geelworteltjies, jong brokkolie- en blomkooltakkies, die slankste groenboontjies, knoppie-sampioene, sneeu-ertjies, aspersiepunte, en voeg gerus baba-aartappeltjies in die skil gekook by.

Die een of ander lid van die uie-familie moet eenvoudig teenwoordig wees: kies uit gesnipperde grasui, jong sprietuie, gekerfde salotte, fyn skyfies preie, of uie.

As jy nou regtig ernstige proteïne in jou slaai wil hê, voeg skyfies kaas en neute by – dis 'n hele maal, veral vir vegetariërs. Skyfies hardgekookte eier, brosgebraaide stukkies spekvleis, en croûtons verleen nog smaak- en tekstuur-dimensies en ekstra proteïne.

Hou dit gerus maar in gedagte dat die alomteenwoordige gekoopte slaaisouse waarmee slaai so dikwels verdrink word, deesdae plek maak vir 'n skaam soentjie van die allerbeste olyfolie en 'n skootjie balsaminie-asyn of suurlemoensap, en net 'n fyn strooiseltjie sout en peper. Rond af met vinaigrette as jy wil. (Sien die resepte vir vinaigrette op bl. 67.)

KOOLSLAAI

Nog maar altyd die staatmaker saamdraslaai. Indien nodig, berei dit die dag tevore en meng weer aan voor bediening.

¼ kop kool, baie fyn gekerf
1 rooi of groen soetrissie, ontpit en gekerf
1-2 stingels seldery, gekap
3-4 geelwortels, grof gerasper
2 vet preie of 1 middelslag ui, fyn gekerf
60 ml sultanas (opsioneel)
60 ml gekapte vars pietersielie (nie gedroogde pietersielie nie!)
gekapte pietersielie vir garnering

SLAAISOUS
200 ml Mayonnaise (resep bl. 68)
125 ml ongegeurde joghurt
sout en gemaalde swartpeper
skootjie suurlemoensap

Meng al die slaaigroente tesame met die sultanas en 60 ml pietersielie. Meng al die bestanddele vir die slaaisous en giet oor die slaai, meng deeglik aan en gooi oor in 'n dienbak. Bedek en verkil in die koelkas tot etenstyd. Garneer met vars gekapte pietersielie net voor bediening.
Genoeg vir 8-10

KOOLSLAAI MET FETA EN NEUTE IN ANSJOVIS-SOUS

Hoegenaamd nie jou gewone koolslaai nie. Hierdie lewendige variasie is propvol verrassende geur-avonture.

¼ kop kool, fyn gekerf
1 rooi of geel soetrissie, ontpit en fyn gekerf
1 Granny Smith-appel, ontkern en in flentertjies gekerf
2 preie, in fyn skyfies
100 g gesoute grondbone

GARNERING
100 g feta-kaas
volop gekapte vars pietersielie (nie gedroogde pietersielie nie)

ANSJOVIS-VINAIGRETTE
125 ml olyf- of sonneblomolie
30 ml wyn- of appelwyn-asyn
30 ml droë sjerrie
8 ansjovis-filette, fyn gekap
gemaalde swartpeper
knypie suiker
knypie droë Engelse mosterd

In 'n groot bak, meng die kool, soetrissie, appel en prei. Meng die sous-bestanddele en giet oor. Meng goed aan, bedek die bak en verkil 'n paar uur lank in die koelkas sodat die geure kan versmelt.
Versier met die neute, verkrummelde feta en gekapte pietersielie.
Genoeg vir 8-10

APPELSLAAI MET SELDERY EN PEKAN

Altyd almal se gunsteling, met 'n kraakbros tekstuur en 'n fris, skoon smaak.

2-3 Granny Smith-appels
4 stingels seldery, gewas, reggesny
2 klein preie, baie fyn gesnipper (groen dele ook)
100 g pekan-neute, in krummels
60 ml gekapte vars pietersielie (nooit gedroogde pietersielie nie)

SLAAISOUS
200 ml Mayonnaise (resep bl. 68)
125 ml ongegeurde joghurt
sout en gemaalde swartpeper
skootjie suurlemoensap

Ontkern die appels – skil eers as jy verkies – en sny aan skywe. Ontdraad seldery en kap; gebruik 'n paar blare ook, fyn gekap. Meng met die prei, neute en pietersielie.
Meng die slaaisous-bestanddele, giet oor die slaai en meng liggies aan en hou in die koelkas tot benodig. Kappertjieblare en -blomme is 'n treffende, kleurryke garnering.
Genoeg vir 4-6

BEREI VOORUIT
As die slaai taamlik lank moet wag, meng neute eers net voor bediening by anders word hulle sag.

OOSTERSE NOEDELSLAAI MET NEUTE

Hierdie gemarineerde mengelslaai van noedels, neute en groente verras met sy geur- en tekstuurvariasies.

200 g noedels van medium fatsoen
2 geelwortels, in vuurhoutjiestokkies gekerf
2 vet sprietuie, fyn gekerf
1 rooi of groen soetrissie, ontpit, in blokkies gesny
2-3 spinasieblare
60 ml gesoute grondbone

SLAAISOUS
80 ml sonneblomolie
80 ml wynasyn
15 ml sojasous
5 ml bruinsuiker
5 ml sesamolie (opsioneel)
2 ml aangemaakte Engelse mosterd
2 ml gestampte gemmerwortel of ¼ ml gemaalde gemmer
sout en gemaalde swartpeper

Kook die noedels in volop gesoute water – moenie te pap kook nie. Dreineer goed en meng aan met die geelwortel, sprietui en soetrissie.
Meng die bestanddele vir die slaaisous, giet oor en meng deur, bedek die bak en hou verskeie ure in die koelkas. Roer af en toe. Net voor bediening, snipper die spinasieblare fyn en voeg by die slaai, tesame met die neute. Skep in 'n slaaibak.
Genoeg vir 8

VARIASIES
☐ As jy 'n dikker sous verkies, voeg 'n eetlepel mayonnaise by.
☐ In plaas van die neute, meng 'n 400 g-blik heel mieliepitte (goed gedreineer) met die slaai.

TOESPYSE 73

SPEKVLEIS-PIESANGS

Skil ferm piesangs en bestrooi liggies met sout. Draai toe in repe swoerdlose spekvleis; werk skuins van die een punt na die ander. Steek die spekvleis met tandestokkies vas en braai oor warm kole net tot die spekvleis 'n bros jassie vorm. As die piesangs vooruit berei word, bespat hulle met 'n bietjie suurlemoensap voor jy hulle toedraai in die spekvleis. Verkil tot 4 uur voor die braai.

WARM, GEURIGE SPINASIE-SLAAI

Iets heel besonders, met 'n tergende mengsel van smake. Braai die croûtons en die spekvleis vooruit as jy wil, en berei die res van die slaai net voor bediening.

- 1 bossie vars jong spinasie, gewas en gedreineer
- 4 snye witbrood, korsies afgesny, in blokkies gesny
- sonneblomolie vir braai
- 125 g swoerdlose streepspek, fyn gekap
- 30 ml Worcestershire-sous
- sap van 1 suurlemoen
- 150 g knoppie-sampioene, in skyfies
- gemaalde swartpeper

Sny die dikste dele van die spinasiestingels af en gooi weg. Kap die blare grofweg en sit dit opsy. Verhit die olie in 'n groot braaipan en braai die broodblokkies; dreineer op kombuispapier en sit dit opsy. Braai die stukkies spekvleis in dieselfde pan tot bros, dreineer en sit dit opsy tot benodig.

Voeg die Worcestershire-sous en suurlemoensap by die vet in die braaipan, voeg die spinasie en sampioen by, roer goed deur. Sit die deksel op en stoom die groente tot slap, maar moenie dit oorgaar maak nie.

Skep die slaai in 'n dienbord, strooi die croûtons en spekvleis oor, en geur liggies met gemaalde peper. Bedien dadelik.

Genoeg vir 6

ROERBRAAI-SPINASIE MET SPEKVLEIS, TAMATIE EN FETA

'n Stewige, geurige bykos wat fantasties lyk, en maklik en vinnig gemaak word, selfs in 'n braaipan oor die kole.

- 1 groot bossie spinasie, gewas en gedreineer
- 4–6 repe swoerdlose streepspek
- sonneblomolie vir braai
- 12 klein kersie-tamaties
- 100 g feta-kaas, in blokkies gesny
- sout en gemaalde swartpeper
- 30 ml balsaminie-asyn

Sny die dikste dele van die spinasiestingels af en gooi weg; kerf taamlik dik. Sny die spekvleis in stukkies en braai bros in 'n bietjie olie in 'n groot braaipan. Voeg die tamaties by en braai omtrent 30 sekondes. Meng die spinasie by, sit die deksel op en stoom 'n paar minute saggies – dit moenie te pap word nie.

Geur met sout, peper en asyn, voeg die feta-kaas by.

Verhit en bedien die gereg dadelik.

Genoeg vir 4

BRAAI-PIESANGS

Piesangs oor die kole is 'n gesogte lekkerny, veral saam met hoender en varkvleis. Pak ferm piesangs, skil en al, op die rooster. Braai 20–30 minute oor matige kole tot deurgaar. Dit is onmoontlik om hulle oorgaar te maak, dus kan jy hulle gerus so lank nodig op die rand van die rooster warm hou.

Vir piesangs met 'n bros braaipensie, sny in die lengte middeldeur, smeer 'n bietjie gesmelte botter aan die gesnyde kante, bespat met suurlemoensap en bestrooi met bruinsuiker. Braai die gesnyde kante die eerste tot lig verbruin en keer dan vir die laaste 10 minute om. Skep die piesangs versigtig uit die skil; probeer hulle heel hou.

Bedien die piesangs warm.

VYE IN SPEKVLEIS

Mense raak skoon versot op hierdie lekkerny. In die kort vyeseisoen is hierdie gereg altyd 'n wenner by ons braai. Die vye gee ook nie om om die dag tevore al klaargemaak te word nie. Hou hulle in 'n bedekte houer in die koelkas tot braaityd aanbreek.

Kies vye wat ryp maar nog ferm is. Skil en bestrooi liggies met sout, draai toe in repe streepspekvleis en steek vas met tandestokkies. Braai oor baie warm kole tot spekvleis baie bros en vye warm en sag is. Hou warm op die rand van die rooster tot bedien word.

VERKOOLDE GROENTE

Darem nie regtig nie! Hierdie gereg van kleurryke groente is eg Mediterreens en baie vinnig om in die oond of oor die kole gaar te maak. Kies en meng jou gunstelinggroente – hierdie lys is net 'n voorstel.

- 1 ui, in kwarte of 8 salotte of groot sprietuie, reggesny
- 2 kleinerige eiervrugte, in die lengte in kwarte gesny
- 4 murgpampoentjies, gehalveer
- 1 rooi en 1 geel soetrissie, ontpit, in groot plat stukke gesny
- 4 bruin sampioene
- dik mieliewiele
- olyfolie
- seesout en gemaalde swartpeper

Meng die reggesnyde groente deeglik aan in olyfolie – vir oondbraai in die roosterpan; vir kolebraai in 'n diep bak. Vir oondbraai, rangskik die groente in 'n enkel laag in die roosterpan; vir die kole gebruik jy 'n skarnierrooster.

Geur met sout en peper. Rooster aanvanklik stadig om die groente te versag, en dan vinnig en kwaai om die buitekante te verkool. Die totale braaityd is gewoonlik 10–15 minute.

Plaas in dienbak en geur met nog sout, peper en olyfolie as jy wil. Growwe brood is 'n wenner by hierdie gereg.

Genoeg vir 4

Roerbraai-spinasie met spekvleis, tamatie en feta (bladsy 74)

TOESPYSE 75

GROENTE-KEBABS

By 'n braai sonder vleis, skitter hierdie groente-kebabs. Kies groente wat bestand is teen braai op 'n stokkie. Soorte wat lank vat om gaar te word, kan vooraf halfgaar gemaak word. Speel met kleur- en geurkombinasies!

KIES UIT
**rou piekeluitjies
kersie-tamaties
spruitkool
stukke rooi, groen of geel soetrissie
knoppie-sampioentjies
dik snye murgpampoentjie
mieliewiele (skywe jong mieliekoppe)
vars of geblikte pynappelstukke
blomkool- en brokkolie-takkies
geblikte artisjok-harte
stukkies eiervrug**

GEURMIDDELS
**olyfolie of Knoffelbotter (bl. 22)
sout en gemaalde swartpeper**

Ryg die groente aan bamboes-stokkies wat dun genoeg is om nie die stukke te breek nie.

'n Bedruipsous is noodsaaklik om die kebabs sappig te hou. Knoffelbotter is die beste, hoewel 'n glansie van olyfolie of gesmelte botter en 'n bietjie sout en peper ook doeltreffend en lekker is. Bedruip dikwels terwyl die kebabs oor matige kole braai. Moenie te dikwels omkeer nie, dit vergroot die gevaar dat die kebabs uitmekaarval.

BEREI VOORUIT
Stel die kebabs saam, bedek en hou tot 24 uur lank in die koelkas.

GROENTE IN FOELIE
Uie
Uie in bladaluminium gaar gemaak bring die geur van enige braaikos na vore, van vleis tot seekos. Kies middelslag uie, en laat 1–2 per persoon toe.

Sny 'n skyfie bo en onder af, maar laat die vel aanbly. Die afsny van die ente dien twee doele: Jy kan dadelik sien of daar bruin kerns is (gooi sulke uie dadelik weg), en jou gaste kan die sappige gaar ui maklik en vinnig uit sy jassie uitdruk.

Draai die uie een-een of 'n paar bymekaar in foelie toe (blink kant na binne), nestel die pakkies tussen die kole en bak vir minstens 30 minute of tot die pakkie papperig begin voel as jy daaraan druk. Verwyder die pakkies uit die kole en hou langs die vuur warm tot bedien word.

Botterskorsies ('butternut')
Kies kleiner skorsies – hulle is soeter en effens sagter as grotes. Sny in die lengte in kwarte en gooi die pitte weg. Draai toe in foelie en bak sowat 45 minute tussen matig warm kole. Wanneer die skorsies gaar is, gee die pakkie mee as jy daarop druk.

Lemoenpampoentjies
Halveer, gooi die pitte weg; sit 'n klontjie botter in die holte en rasper neutmuskaat oor. Draai toe in foelie en bak tot sag (sowat 30 minute) tussen matig warm kole. Bedien met 'n ekstra klontjie botter en sout en peper.

SUIKERMIELIE-POFFERS

Ek hoor gille van afgryse elke keer as ek hierdie resep afstof. Almiskie, daar's niks lekkerder nie.

**400 g-blik geroomde suikermielies
2 eiers
125 ml koek- of meerdoelige meelblom
2 ml bakpoeier
1 ml sout
gemaalde swartpeper**

Kombineer die mielies en geklitste eiers, sif die droë bestanddele by en meng deeglik. Braai eetlepelsvol van die mengsel, 'n paar op 'n slag, in warm olie tot alkante brosbruin. Sorg dat die poffertjies deurgaar is.

Soos die baksels poffertjies klaar kom, dreineer baie deeglik op verskeie lae kombuispapier gesprei oor dik koerantpapier. Rangskik op 'n warm dienbord.
Lewer sowat 24

BRAAIMIELIES
Wie het nou nog nie 'n gekookte mielie so blinkbek van die botter van die stronk geëet nie? Mielies is net so lekker oor die kole gebraai.

Nou nie juis 'n gereg wat 'n mens ten volle kan geniet in deftige geselskap nie, soos enigeen weet wat al 'n mielie-kouer bekyk het – kies dus jou eetmaats versigtig.

Mielies moet vars wees – sommer van die land tot op die kole as dit moontlik is. Koop hulle nog met die buitenste blare om, want die syerige baard is 'n goeie teken van varsheid. Die pitte moet plomp en vol sap lyk.

Vou die buiteblare terug, trek 'n ent af en verwyder die baard, en stryk die buiteblare dan weer om die mielie. Week die mielies 30 minute lank in koue water. Braai dan 20–30 minute so in die buiteblare oor warm kole, of tot 45 minute as jy goed verbruinde, rokerige pitte verkies. Keer dikwels om tydens die braaityd, maar pas op vir oorgaar braai, wat die pitte taai maak.

As reeds skoongemaakte mielies sonder baard en buiteblare al is wat jy kan koop, moenie moed verloor nie. Week hulle in koue water, draai dan elke mielie in bladaluminium toe – dit vervul die funksie van die buiteblare.

Mielies kan ook sonder die week en toedraai in foelie oor matige kole gebraai word tot sag – heel, of opgesny in wiele vir vinniger gaar word en makliker eet.

Om die braaityd te verkort en die pitte sappig te hou, kan die mielies vooraf halfgaar gekook word.

BRAAI-SAMPIOENE

Die jong wit knoppie-sampioentjies lyk baie mooi so aan 'n stokkie geryg en gebraai, maar wat geur betref is die groot oop bruin sampioene hul babas ver voor in die braai-wedloop. Dié oop sampioene het ook minder aandag nodig terwyl hulle braai. Sampioene is baie versadigend en propvol proteïne, en jy kan daarom minder vleis aanbied.

Gekweekte sampioene hoef net met 'n nat lappie afgevee te word voor die braai. Moenie week nie.

Braai net lank genoeg vir die sampioene om deurgaar te word: 5–15 minute, afhangende van hul grootte en die hitte van die kole. Voeg net sout, gemaalde peper en 'n skootjie suurlemoensap by. As jy nie suurlemoene byderhand het nie, sal 'n bietjie wyn of bier die sampioene byna net soveel goed doen. Verf die sampioene met olie, gesmelte botter of Knoffelbotter (bl. 22). Keer af en toe om.

Gemarineerde sampioene

Marineer sampioene vir ekstra geur – 1 uur is lank genoeg. Hierdie mengsel is genoeg vir 500 g sampioene.

MARINADE
60 ml sonneblomolie
125 ml droë witwyn
sap van ½ suurlemoen
15 ml gekapte marjolein
   of 2 ml gedroogde marjolein
30 ml gekapte pietersielie
   of 5 ml gedroogde pietersielie
2 ml vinkelsaad

Meng al die bestanddele en giet oor die sampioene. Bedek die bak en sit opsy tot benodig.

MOZZARELLA-SAMPIOENE MET GEKRUIDE TAMATIE

Geurige bykos met 'n prikkelsmaak, ewe aptytlik met biefstuk of tjops, en op sigself 'n puik voorgereg.

**6 groot swart sampioene
sout en gemaalde swartpeper
suurlemoensap
Gekruide tamatiesous (resep bl. 68)
12 dun snye mozzarella-kaas**

Berei die tamatiesous en kook genoeg van die vloeistof weg om die sous lekker dik te maak. Voorverhit intussen die oond tot 200 °C.

Vee die sampioene af met 'n nat lap, sny die stingels af, rangskik die sambrele langs mekaar in 'n oondvaste bak wat ook as dienbak kan dien, en geur met sout, peper en suurlemoensap.

Skep die tamatiesous in die holtes van die sampioene en bedek elk met 2 snytjies mozzarella. Bak 8–10 minute, net lank genoeg om die sampioene deurgaar te maak, die vulsel te verhit, en die kaas te laat borrel.

Genoeg vir 4–6

BEREI VOORUIT
Die voorbereide rou gereg kan tot 'n dag lank in die koelkas gehou word en net voor bediening gebak word.

PIESANG-BOONTJIES

Klink na 'n onmoontlike kombinasie, nè? Maar dit is baie geslaagd en veral gewild by kinders. Moenie vroeër as 4 uur voor bediening berei nie – 'n lang wagtyd sal die piesang bederf.

**4–6 piesangs
400 g-blik gebakte boontjies in
   tamatiesous
125 ml Mayonnaise (resep bl. 68)**

Skil die piesangs en sny op in ringe. Meng liggies met die bone en mayonnaise en sit so gou moontlik koud voor.

Genoeg vir 6

SAMPIOENE MET SPESERY-RYS

'n Goeie keuse ook vir geleenthede wanneer sommige van die gaste vegetariërs is wat darem nie omgee vir die hoenderaftreksel in die resep nie.

6 groot swart sampioene

GESPESERYDE RYS-VULSEL
200 ml gekapte sprietui
50 g (50 ml) botter
5 ml borrie
125 ml rou rys
375 ml hoenderaftreksel
5 ml gekapte tiemie
   of 1 ml gedroogde tiemie
gemaalde swartpeper
30 ml gekapte pietersielie
   of 5 ml gedroogde pietersielie
12 calamata olywe, ontpit, gekap
gerasperde parmesaan-kaas vir bolaag

Vee die sampioene met 'n nat lap af, sny die stingels af, kap en reserveer. Plaas die heel sambrele in 'n bakskottel.

VULSEL Versag die sprietui in 'n bietjie van die botter in 'n middelslag kastrol. Roer die gekapte sampioenstingels, borrie en rys by, en voeg dan die aftreksel, tiemie en peper by. (Voeg sout by net indien ongesoute aftreksel gebruik word.) Bedek en laat 20–25 minute baie saggies prut tot die rys gaar is en al die aftreksel opgeneem is. Verwyder van die plaat en roer die pietersielie, olywe en oorblywende botter in.

Voorverhit die oond tot 200 °C. Vul die sampioene met die rysmengsel, strooi gerasperde parmesaan oor en bak onbedek vir 10–15 minute.

Genoeg vir 4–6

VARIASIE
Gebruik eiervrug pleks van die sampioene, dis net so lekker. Halveer eiervrugte, skep van die vleis uit en kap dit, en voeg die gekapte vleis by die rys in plaas van die gekapte sampioenstingels.

BEREI VOORUIT
Die gevulde sampioene kan tot 'n dag lank in die koelkas gehou word. Voeg die kaas by en bak net voor bediening.

GROOT BONE-BAK

'n Warm, geurige gereg wat aan die ribbes klou. Ander geblikte boontjies kan gebruik word, maar die drie in hierdie resep is wonderlik vir geur en kleurkontras. Stukkies appel in die boontjiemengsel is 'n geurige en welkome variasie.

1 groot ui, grof gekap
4 repe swoerdlose streepspekvleis, gekap (opsioneel)
sonneblomolie vir braai
400 g-blik rooi nierboontjies, gedreineer
400 g-blik wit nierboontjies, gedreineer
400 g-blik gebakte boontjies in tamatiesous
400 g-blik tamaties, gekap
sout, gemaalde swartpeper
cayenne-peper

Braai die ui en spekvleis in olie tot uitgebraai en ui goudbruin is. Voeg die res van die bestanddele by, geur na smaak en laat deurverhit. Bedien warm.
Genoeg vir 8–10

VARIASIE
Vervang die rooi nierboontjies met rissieboontjies en voeg 'n knarslekker bolaag by: Verkrummel 100 g bros mielie-skyfies en meng dit met 125 ml gerasperde cheddar. Bak 15–20 minute in 'n warm oond.

LENSIES EN BONE MET VINAIGRETTE

Boontjies en lensies span saam om 'n skrapse vleisvoorraad te rek. Jy kan die genoemde boontjies vervang met ander geblikte soorte, maar vir kleur en geur loop lima- en rooi nierboontjies los voor.

100 g droë bruin lensies
400 g-blik lima-boontjies, gedreineer
400 g-blik rooi nierboontjies, gedreineer
3–4 selderystingels, gekerf
1 kleinerige ui, baie fyn gekap
Kruie-vinaigrette (resep bl. 67)
takkies kruisement vir garnering

Sit die lensies in 'n klein potjie koue water op, bedek en laat opkook, kook dan 5 minute lank. Sit opsy om 1 uur lank in die kookvloeistof te week. Dreineer, vervars onder die koue kraan en geur liggies met sout.

Kombineer die lensies, boontjies, seldery en ui. Giet dan die Kruie-vinaigrette oor en meng liggies aan. Laat die slaai 1–2 uur by kamertemperatuur marineer, of hou oornag in die koelkas. Net voor bediening, meng weer aan en versier met takkies vars kruisement.
Genoeg vir 8–10

AMERIKAANSE BONE

Die egte Yankee-blikbordresep vir gebakte boontjies, ewe smaaklik warm of koelerig.

250 g droë suikerboontjies of wit nierboontjies
3 uie, gekap
5 ml geperste knoffel
3 heel kruienaeltjies
1 lourierblaar
5 ml sout
250 g swoerdlose ontbytspek, gekap
100 g bruinsuiker
125 ml donker asyn
5 ml aangemaakte Engelse mosterd

Week gewaste bone oornag in volop koue water. Dreineer, spoel af en gooi in 'n kastrol. Bedek die bone met water en voeg die helfte van die gekapte ui, sowel as die knoffel, kruienaeltjies, lourierblaar en sout by. Sit die deksel op en laat 1 uur lank prut.

Voorverhit die oond tot 160 °C. Meng die spekvleis en res van die gekapte ui, die suiker, asyn en mosterd by die bone in. Gooi oor in 'n oondvaste bakskottel. Bak sonder deksel vir sowat anderhalf uur tot die boontjies sag en gekarameliseer is; roer saggies al om die 30 minute. Hou goed dop teen die einde van die baktyd – die boontjies het 'n nare nuk om aan te brand as jy net wegkyk.
Genoeg vir 6–8

BEREI VOORUIT
Bedek die bak en hou die boontjies tot 4 dae lank in die koelkas en herverhit.

SOUSBOONTJIES

Suid-Afrika se eie geliefde familievriend, en maklik om self te berei.

500 g droë wit nierboontjies
50 g (50 ml) botter
60 ml wit suiker
125 ml wit asyn
5 ml sout
2 ml witpeper

Was die boontjies en week oornag in volop koue water. Dreineer, voeg genoeg vars water by om te bedek, sit deksel op en laat omtrent 'n uur lank prut tot bone sag is.

Roer die res van die bestanddele deur die bone en laat sonder deksel prut tot sous effens verdik en boontjies sag maar nog heel is (sowat 30 minute); roer af en toe deur. Wanneer jy toets vir gaarheid en bestandheid, hou dit in gedagte dat die sous nog sal verdik soos dit afkoel. Skep die warm sousboontjies in verhitte gesteriliseerde flesse, verseël en bêre in 'n koel, donker kas tot benodig. Eers oopgemaak, hou in die koelkas.
Lewer 2,5 liter

KNOFFEL OP DIE KOLE

Hoe langer knoffel kook, hoe sagter die geur, maar knoffel bly 'n bobaas geurmaat vir vleis en gebakte aartappels.

plomp heel koppe knoffel
olyfolie

Breek die knoffelkoppe net ver genoeg oop om die huisies effens te skei. Laat die wit papieragtige hulsel aanbly. Bedruip kwistig met olyfolie en draai toe in 'n dubbele laag swaar bladaluminium, blink kant binnetoe. Bak 1½ uur in die oond (voorverhit tot 200 °C) of tussen koelerige kole (stoot 'n hopie kole eenkant toe hiervoor). Oor die kole is die kooktyd sowat 1 uur.

Maak die pakkie oop en bedien die knoffel net so. Eters kloof net die huisies oop en smeer dan eenvoudig die knoffel op die vleis.

EIERVRUG-PIEKEL MET UIE

'n Heerlike prikkel-bykos met rooivleis. Dit kan tot 3 dae vooruit berei word.

2–3 eiervrugte (400 g altesaam)
sout
gemaalde swartpeper
sonneblomolie vir gaar maak
2 uie, in dun skywe gekerf
1 groen skerprissie, ontpit, fyn gekerf
5 ml geperste knoffel of 2 ml vlokkies
5 ml geperste gemmerwortel
   of 1 ml gedroogde gemmer
5 ml bruinsuiker
15 ml oestersous (opsioneel)
2 groot tamaties, vel af, grof gekap

Sny die eiervrugte aan skywe (laat skil aanbly). Strooi sout oor en plaas in vergiettes; sit opsy vir sowat 30 minute sodat die sout die bitter sappe kan uittrek. Spoel af onder koue kraan en tik droog met kombuispapier.

In 'n kastrol met styfpassende deksel, braai die eiervrugskywe, 'n paar op 'n slag, in warm olie tot net lig verkleur aan albei kante. Dreineer goed op kombuispapier. Voeg nog 'n bietjie olie by die kastrol indien nodig. Reserveer.

Braai die ui goudbruin in dieselfde kastrol. Voeg die rissie, knoffel, gemmer, suiker, oestersous en tamatie by, en geur liggies met sout en peper. Bedek en laat 5 minute baie saggies prut.

Voeg die eiervrug by, bedek, en laat nog 5 minute lank prut. Proe vir geur. Gooi oor in 'n dienbak en sit warm of afgekoel voor.

Genoeg vir 6–8

Eiervrug-piekel met uie

Slaphakskeentjies (bladsy 81)

EIERVRUG NIÇOISE

Propvol van die lustige geure kenmerkend van die Mediterreense lande. Sorg net dat die eiervrugte ferm en glansend is, sonder 'n rimpel of plooi.

3 middelslag eiervrugte
sout en gemaalde swartpeper
60 ml olyf- of sonneblomolie
2 groot ryp tamaties
125 ml vars broodkrummels
60 ml sultanas
12 swart olywe, ontpit en gekap
60 ml gekapte pietersielie
 of 10 ml gedroogde pietersielie
15 ml gekapte basiliekruidblare
 of 2 ml gedroogde basilie
2 ml geperste knoffel
150 g mozzarella-kaas, in skywe

Halveer die eiervrugte in die lengte en skep van die vleis uit om 'n holte te vorm; kap en reserveer die uitgeskepte vleis. Strooi sout in die holtes en oor gekapte eiervrug en sit opsy vir 30 minute.

Voorverhit die oond tot 180 °C. Tik eiervrugte droog, verf die uitgeholde skulpe met die helfte van die olie. Plaas in 'n bakskottel. Kap 1 tamatie fyn en meng met die gekapte eiervrug, broodkrummels, sultanas, olywe, pietersielie, basilie, knoffel en res van die olie. Geur met sout en peper. Vul die skulpe met die mengsel en rangskik die dun snye tamatie bo-op.

Bedek met foelie en bak 45 minute lank. Maak oop en rangskik die skywe kaas bo-op. Verhit die oond tot 220 °C, en bak 10 minute of langer tot die kaas borrel en verbruin.
Genoeg vir 4–6

BEREI VOORUIT
Die voorbereide rou eiervrug kan 'n dag lank bedek in die koelkas staan.

KRUMMEL-BLOMKOOL MET TAMATIE

'n Stewige groentegereg, baie welkom by 'n winterbraai.

1 blomkool, in takkies gebreek
12 kersie-tamaties of 2 groot ryp
 tamaties in skywe gesny
sout en gemaalde swartpeper
50 g (50 ml) botter
250 ml sagte broodkrummels
125 ml gekapte vars kruie (meestal
 pietersielie, maar meng 'n tikkie
 tiemie en orego ook by)

Voorverhit die oond tot 200 °C.
Sit die blomkooltakkies in kokende gesoute water op en kook tot sag maar darem nog bros.
Dreineer deeglik en rangskik in kasserol, met tamaties of tamatieskywe plek-plek ingedruk. Geur liggies met sout en gemaalde swartpeper.
Smelt die botter en roer die kruie en krummels daarby. Sprei oor blomkool. Bak 10–20 minute tot die krummellaag lekker bros en lig verbruin is.
Genoeg vir 6–8

BEREI VOORUIT
Stel die dis tot 1 dag voor gebruik saam; bedek en hou in die koelkas. Bak en bedien warm uit die oond.

VARIASIES
☐ Meng brokkolie by die blomkool vir 'n kleurryker gereg.
☐ Braai 4–6 gekapte repe spekvleis in die botter en braai die broodkrummels daarin.
☐ 'n Strooiseltjie karwysaad verleen 'n verrassende dimensie.

RATATOUILLE

Hierdie manjifieke groentemengsel is ongeëwenaard. Streef na perfeksie van tekstuur en kleur – ratatouille kan alte maklik doodgekook word tot 'n anonieme pappery. Geur goed maar oordeelkundig; puriste gebruik net pietersielie en basilie, maar jy kan ander vars kruie byvoeg. Vir ekstra geur, voeg gerus 'n bietjie tamatiepasta by.

1–2 eiervrugte, met skil, in stukke gesny
2 groot uie, in skywe
2 huisies knoffel, gepers
45 ml olyfolie
2–3 murgpampoentjies, in dik skywe gesny
1 rooi en 1 groen soetrissie, in groot stukke gesny
4 ryp tamaties, vel afgetrek en gekap, of 400 g-blik tamaties
30 ml gekapte pietersielie of 10 ml gedroogde pietersielie
15 ml gekapte basiliekruid of 2 ml gedroogde basilie
1 lourierblaar, takkie tiemie, takkie marjolein (opsioneel)
5 ml suiker
sout en gemaalde swartpeper

Bestrooi die eiervrug met sout en laat staan sowat 30 minute lank; tik dan droog. Soteer die ui en knoffel in warm olie in 'n middelslag kastrol tot sag en goudkleurig. Voeg die res van die bestanddele by, bedek en laat 15–20 minute prut tot groente sag is. Proe vir geur. Bedien borrelwarm of koel.
Genoeg vir 6–8

BEREI VOORUIT
Ratatouille kan perfek verhit word na 3–4 dae in die koelkas. Moet net nie te lank kook nie.

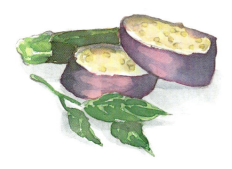

SLAPHAKSKEENTJIES

Hierdie tradisionele Kaapse uieslaai smaak op sy beste by kamertemperatuur.

1 kg piekeluitjies, vel afgetrek

SUUR EIERSOUS
3 eiers
30 ml wit suiker
5 ml droë Engelse mosterd
2 ml sout
125 ml wit asyn
30 ml water
200 ml melk of room

Sit die uie in kokende gesoute water op en kook tot net sag maar nie oorgaar nie. Dreineer en sit opsy.

Klits die eiers, suiker, mosterd en sout in 'n swaar kastrol tot romerig. Voeg asyn, water en melk of room by; kook stadig oor lae hitte tot verdik.

Giet die warm sous oor uie en bedien wanneer afgekoel.
Genoeg vir 6–8

BEREI VOORUIT
Die sous moet net voor bediening berei word, maar die uie kan verskeie ure tevore gekook word.

KAAS-UIE

Kaas en uie is wonderlike geurmaats. In hierdie resep word klein uitjies bedek met 'n ligte kaassous.

500 piekeluitjies, vel afgetrek
50 g (50 ml) botter
30 ml meelblom
125 ml melk
1 ml droë Engelse mosterd
60 ml suurroom
80 ml gerasperde cheddar-kaas
sout en gemaalde swartpeper

Plaas die uie in 'n kastrol met net genoeg koue water om te bedek. Laat opkook en kook onbedek vir 5–7 minute tot sag.

Verwyder uie met 'n dreineerlepel en sit opsy. Kook die vloeistof weg tot sowat 150 ml. Giet die vloeistof deur 'n sif en reserveer vir die sous.

SOUS Smelt die botter in 'n ander kastrol. Haal van die plaat af en meng die meelblom, gereserveerde vloeistof, melk en mosterd by. Kook (roer gedurig) tot glad en dik. Geur met sout en peper. Voeg suurroom en kaas by, roer tot gesmelt en toets bestandheid – dit moet nie dikker as room wees nie.

Voeg die uie by die sous, laat deurverhit en gooi oor in 'n warm dienbak.

BEREI VOORUIT
Die uie kan die dag tevore gekook word en dan herverhit word. Om te herverhit, bedek die bak en deurverhit in die oond, of op 'n plaat gestel op baie sagte hitte, of in die mikrogolfoond.

GLANS-UIE MET TAMATIE EN KOLJANDER

Interessant en pikant, en boonop maklik om tot 3 dae vooruit te maak en dan net voor bediening te herverhit. Moet tog nie 'n minderwaardige vervanging vir die wynasyn of appelwyn-asyn gebruik nie – dit sal die geur bederf.

500 g piekeluitjies, vel afgetrek
80 g botter
5 ml heel koljandersaad
2 huisies knoffel, fyn gekap
125 ml wynasyn of appelwyn-asyn
2 ml sout
gemaalde swartpeper
250 g kersie-tamaties

Verhit die botter in 'n klein kastrol tot sis, voeg die uie en koljander by en braai tot lig verbruin; keer af en toe om. Voeg die knoffel, asyn, sout en peper by, bedek en laat saggies kook tot die uie net-net sag is. Voeg die tamaties by en kook onbedek vir nog 1–2 minute. Die sous sal mooi verdik.

Bedien warm.
Genoeg vir 4–6

VARIASIE
Kikker die gereg op met 2 vars brandrissies, ontpit en baie fyn gekerf, of 'n strooiseltjie brandrissiepoeier.

TOESPYSE 81

RYSSLAAI

Altyd gewild, en gerieflik omdat jy dit tot 'n dag vooruit kan maak. Van die bestanddele kan vervang word, maar vermy liewer bestanddele soos tamatie en komkommer wat vog trek en die slaai pap maak.

125 ml rou rys
60 ml sultanas
2 ml sout
375 ml koue water
1 klein ui, fyn gekap
1 rooi of groen soetrissie, fyn gekap
1–2 geelwortels, gerasper
2–3 stingels seldery, fyn gekerf
200 g gekookte of geblikte ertjies
400 g-blik heel mieliepitte, gedreineer
30 ml gekapte pietersielie
    (nie gedroogde pietersielie nie)

SLAAISOUS
125 ml Mayonnaise (resep bl. 68)
125 ml ongegeurde joghurt
sout en gemaalde swartpeper
2 ml paprika (opsioneel)

Kombineer die rys, sultanas, sout en water in 'n groot kastrol, bedek en laat net opkook. Laat prut tot al die vloeistof opgeneem is en die rys gaar is. Gooi oor in 'n groot bak en meng aan met die res van die slaai-bestanddele. Meng die bestanddele van die slaaisous, giet oor die slaai en meng aan. Bedek en verkil.

Net voor bediening, meng weer aan, versier met ekstra gekapte pietersielie indien byderhand.
Genoeg vir 8–10

VARIASIE
So 15 ml kerriepoeier in die slaaisous is 'n lewendige wending.

CAJUN-RYS

'Dirty Rice', noem hulle hierdie gereg van die Verre Suide van Amerika met die kenmerkende forse geure van die Cajun-styl. Die sampioene is nie tradisioneel nie, maar voeg 'n aangename tekstuur-variasie by.

30 g (30 ml) botter
375 ml rou rys
500 ml hoender-aftreksel
100 g knoppie-sampioene, gekap
    (opsioneel)
15 ml Worcestershire-sous
1 groot ryp tamatie, fyn gekap
1 ml gedroogde orego
½ ml gemaalde brandrissie
2 ml sout
gemaalde swartpeper

Braai die rys in die botter in 'n diep kastrol. Roer die res van die bestanddele by, bedek en laat prut tot al die vloeistof opgeneem is. Maak die rys mooi los met 'n vurk en skep oor in 'n verhitte dienbak.
Genoeg vir 6–8

GARNERING
Gee jou verbeelding vrye teuels ... maar onthou dat Cajun-rys nooit sonder versiering voorgesit word nie. Bly in die vrolike gees met vars koljander, snytjies avokado, brandrissieblommetjies en selfs ringe chorizo-wors. En as jy die dag uitgelate voel, voeg die hele lot by!

BEREI VOORUIT
Alle rysgeregte kan perfek herverhit word. Die mikrogolfoond is die gerieflikste (stel op volle krag en roer die rys al om die 2–3 minute deur tot dit vuurwarm is). Of verhit dit in 'n botterige braaipan en skeproer tot heerlik warm.

GEBAKTE AARTAPPELS

Gebakte aartappels is so te sê verpligtend by enige braaivleis.

1–2 aartappels per persoon
olyf- of sonneblomolie
seesout of growwe sout

OM TE BEDIEN, *kies uit:*
klontjies verkilde botter
volop suurroom
skeppies roomkaas of maaskaas

OM TE GARNEER, *kies uit:*
gesnipperde grasui
brosgebraaide spekvleiskrummels
gerasperde kaas
gekapte rooi of groen soetrissie
skyfies sampioen gebraai in botter
gebraaide uieringe

Kies perfekte aartappels, ewe groot en letsel-vry. Skrop hulle onder die koue kraan, vryf in met 'n bietjie olie en geur goed met sout.

IN FOELIE GEBAK Draai die aartappels afsonderlik of 'n paar tesame toe in 'n dubbele laag swaar bladaluminium, blink kant na binne. Menige aartappel het al verkool van suinigheid met die foelie.

Nestel die aartappels tussen matige kole. Krap hiervoor 'n hopie kole een kant toe. Baktyd is 40–60 minute. Keer die pakkies af en toe om.

Wanneer die aartappels gaar is, maak die pakkies effens oop en hou warm aan die rand van die vuur. Dit hou die aartappels bros terwyl hulle rustig wag.

IN DIE OOND GEBAK Vir baie gaste is dit soms eenvoudiger om die aartappels in die oond te bak. Gee hulle die olie- en soutbehandeling en bak by 200 °C tot sag wanneer geprik word met 'n pen (sowat 40–60 minute, na gelang van grootte). Baktyd kan heelwat verkort word as jy die aartappels vooraf halfgaar maak in die mikrogolfoond.

Oondgebakte aartappels droog uit en krimp lelik as hulle warm gehou moet word. Bereken en beplan dus die baktyd sorgvuldig sodat die aartappels gaar sal wees wanneer hul braaimaats op die kole reg is vir bediening.

Rysslaai (bladsy 82)

TOESPYSE

AARTAPPEL-PAKKIES MET UIE

'n Geurige variasie op die tema van gebakte aartappels.

4 aartappels, geskrop, in blokkies
2 uie, in stukke gesny
sout en gemaalde swartpeper
botter
gekapte pietersielie vir garnering

Hoop die aartappel- en uiestukke op 'n groot stuk swaar foelie. Geur met sout en peper en stip mildelik met klontjies botter. Verseël en draai toe in 'n tweede vel foelie.

Maak die aartappel gaar op 'n diep bed koelerige kole. Die pakkie moet saggies sis. As die kole te warm is, sal die aartappels aanbrand. Die onderste laag moet net liggies verbruin terwyl die aartappel deurgaar stoom.

Skep in 'n warm dienbak en garneer met gekapte pietersielie.
Genoeg vir 4

VARIASIES
Voeg knoppie-sampioene in dik skywe gesny by. Gekapte vars kruie en geperste knoffel verleen ook ekstra geur.

AARTAPPEL-GEBAK MET MAASKAAS

Vinnig, bestand deur alle kritiek, en met 'n tikkie weelde. Gebruik gegeurde maaskaas of maaskaas met grasui as jy wil.

500 g (sowat 4) aartappels, geskil en in blokkies gesny
250 ml room
1 eier
250 g-bakkie krummelrige maaskaas
60 ml fyn gekapte sprietui
60 ml gekapte pietersielie
klein bossie grasui, gesnipper
sout en gemaalde peper

BOLAAG
125 ml vars broodkrummels
60 ml gerasperde cheddar- of parmesaan-kaas

Voorverhit die oond tot 160 °C. Kook die aartappels in 'n bietjie gesoute water tot net-net gaar. As jy hulle oorgaar maak, is die aartappel pap en die gebak 'n mislukking.

Klop die room en eier en meng saggies met die aartappel en maaskaas, sprietui en grasui. Geur na smaak met sout en peper. Gooi die mengsel oor in 'n kasserol gesmeer met botter en strooi broodkrummels en kaas bo-oor. Bak sowat 30 minute tot kookwarm en verbruin dan die bolaag onder die oondrooster. Bedien hierdie gebak dadelik sodra die bolaag bros is.
Genoeg vir 4–5

BEREI VOORUIT
Stel die dis saam, bedek en hou tot 1 dag lank in die koelkas. Bak net voor bediening en verleng baktyd met 5 minute.

PATAT MET LEMOENGLANS

Suid-Afrikaners was mos maar nog altyd lief vir 'n soetigheidjie by hul vleis. Hierdie resep is perfek hiervoor en kan 'n dag of twee vooruit berei word. Die whisky is nie eintlik noodsaaklik nie, tensy jy lus voel om hierdie huislike staatmaker-gereg te vertroetel met 'n bietjie weelde.

750 g patat, geskil, in blokkies
100 g botter
30 ml bruinsuiker of heuning
paar skyfies gemmerwortel of 1/2 ml gemaalde gemmer
1 kaneelstokkie
fyn gerasperde skil en sap van 1 lemoen
30 ml whisky (opsioneel)

Voorverhit die oond tot 180 °C. Gooi patatblokkies in 'n bakskottel gesmeer met botter. Smelt die botter, meng die res van die bestanddele by en giet oor die patat. Bedek met foelie en bak 40–50 minute tot die patat sag is. Verwyder die foelie, bedruip met die bottersous uit die skottel en verbruin onder die oondrooster tot patatpuntjies goudbruin gebak is.
Genoeg vir 4–6

DIE GROOT KOUE AARTAPPELSLAAI

Aartappelslaai kan die koning van slaaie wees, maar word maar alte dikwels vernietig deur koks sonder verbeelding. Daar's niks triestiger as papgekookte aartappel met 'n skamele straaltjie winkel-mayonnaise nie.

8 aartappels, geskrop
1 bossie sprietuie, reggesny, fyn gekap
60 ml gekapte dillepiekel
2–3 hardgekookte eiers, gekap
60 ml gekapte pietersielie (nie gedroogde pietersielie nie)

SLAAISOUS
200 ml Mayonnaise (resep bl. 68)
125 ml ongegeurde joghurt
sout en gemaalde swartpeper
skootjie suurlemoensap
50 g bloukaas, verkrummel (opsioneel)

Kook aartappels in die skil tot sag. Laat afkoel, trek skille af, sny in blokkies en meng met sprietui, dillepiekel, hardgekookte eier en die meeste van die pietersielie (hou 'n bietjie uit vir garnering).

Meng die slaaisous-bestanddele en giet oor die slaai. Meng liggies maar deeglik aan en laat oorgly in 'n dienbak. Garneer met die res van die pietersielie en verkil voor bediening.
Genoeg vir 8

BEREI VOORUIT
Aartappelslaai hou tot 'n dag lank goed in die koelkas, maar nie langer nie.

AARTAPPEL-GEBAK MET KRUIE

'n Landelike gereg wat baie vinnig gemaak kan word.

3–4 groot aartappels, geskil en in groot stukke gesny
1 groot ui, vel afgetrek, in dik ringe
botter en sonneblomolie
1–2 huisies knoffel, gepers
sout en gemaalde swartpeper
60 ml gekapte vars kruie (grasui, pietersielie, dragon, tiemie)

GARNERING
vars gekapte pietersielie

Braai die aartappel, ui en knoffel in volop baie warm botter en olie. Geur met sout en peper. Skud die pan gedurig sodat die aartappel nie aanbrand nie. Braai vinnig; keer aartappelstukke om om alkante te verbruin. Wanneer dit gaar is, meng die gekapte kruie by en braai verder tot die geur die vertrek vul, maar moenie die kruie oorgaar maak nie, want dan beteken hulle niks.

Skep in 'n warm dienbak en garneer met gekapte pietersielie vir kleur. Bedien liefs dadelik, maar kan herverhit word.
Genoeg vir 4

VARIASIE
Hierdie dis verwelkom ekstra groente. Probeer gekapte groen soetrissie, heel knoppie-sampioene of gekerfde kool.

SOETSUUR UIE

Uie met 'n fris prikkelsmaak, maklik om vooruit te maak, wat ook nog die geur verbeter.

24–30 piekeluitjies, gewas, skil aan
3–4 huisies knoffel, gekap
2 ml hoenderaftreksel-poeier
60 ml bruinsuiker
60 ml donker asyn
45 ml tamatiesous
10 ml sojasous
15 ml mielieblom
125 ml koue water

Sit uie met knoffel en aftreksel-poeier op in net genoeg koue water om te bedek. Sit deksel op, laat opkook, kook 3 minute lank sonder deksel. Skep uie met dreineerlepel uit (reserveer kookvloeistof). Vervars uie onder koue kraan. Die skille kan nou maklik afgetrek word, en die kookvloeistof het 'n pragtige kleur.

Kook die aftreksel dan onbedek af tot 125 ml. Gooi die uie terug in die pot. Voeg die suiker, asyn, tamatiesous, sojasous en mielieblom gemeng met die koue water by. Kook (roer saggies) vir so 5 minute tot sous effens verdik en helder is, en die uie sag maar nie pap nie. Bedien warm in verhitte skottel.
Genoeg vir 6–8

WARM AARTAPPELSLAAI

Welkom by 'n winterbraai wanneer niemand lus het vir koue aartappelslaai nie.

4 groot aartappels
sonneblomolie vir gaar maak
100 g swoerdlose streepspek, gekap
1 ui, fyn gekap
80 ml wynasyn
sout en gemaalde swartpeper
klein bossie grasuie, gesnipper

GARNERING
koljanderblare
gekapte kerwel of pietersielie

Kook die aartappels in die skil tot sag. Laat effens afkoel, trek skille af en sny in blokkies. Verhit 'n bietjie olie in 'n braaipan en braai die spekvleis liggies tot al die vet uitgebraai het en die spekvleis gaar is. Roer die ui by en braai tot sag. Voeg die aartappel en asyn by en meng aan. Bak tot aartappelpuntjies begin breek en die gereg vuurwarm is. Geur met sout en peper en roer die gesnipperde grasui deur. Skep oor in 'n verhitte dienbak en garneer met kruie. Bedien dadelik.
Genoeg vir 4

BEREI VOORUIT
Berei dit die dag tevore en herverhit in 'n warm oond of in die mikrogolfoond. Meng al om die 2–3 minute saggies deur tot vuurwarm.

KNOFFEL-AARTAPPELS EN UIE MET ROOSMARYN

'n Ontwerpersdis, getooi vir die mooi met vars roosmaryn.

1 kg (4–5) aartappels, skoon geskrop
2 groot uie
10 vet huisies knoffel, geskil
60 ml olyfolie
sout en gemaalde swartpeper
20 takkies vars roosmaryn (gebruik net die toppies)

Voorverhit die oond tot 200 °C. Sny die aartappels in stukke op (nie nodig om te skil nie) en plaas in 'n bakskottel. Skil en kap die uie grofweg en voeg tesame met die knoffel by die aartappel. Voeg die olyfolie by en roer alles goed deur om te bedek. Geur met sout en peper en steek takkies roosmaryn plek-plek in; hou 'n paar takkies uit vir garnering.

Bedek die skottel met lig geoliede foelie en bak 20 minute tot groente taamlik sag is, maar lank nie pap nie.

Maak oop, haal roosmaryn-takkies uit (hulle sal brand) en braai dan nog sowat 10–15 minute (roer af en toe) tot aartappels en uie lig verbruin is.

Skep in dienbak en garneer met vars roosmaryn.
Genoeg vir 6–8

TOESPYSE 85

HOOFSTUK 9

BROOD

Miskien wil jy net 'n lang Franse brood gaan koop en verhit. Of dalk wil jy self 'n brood bak en jou gaste imponeer, of jou senuwees kalmeer met die knie van 'n perfekte suurdeegbrood, of 'n potbrood in die kole bak. Wat ook al, hier is 'n paar interessante resepte.

KNOFFELBROOD

Niemand sal skeef opkyk as jy 'n winkel-knoffelbroodjie aanbied nie, maar hier is die resep om 'n gewone Franse brood te verknoffel om in die oond te verhit, of oor die kole te verbros. As jy nie die tyd het om die knoffelhuisies te skil en te pers nie, kan jy knoffelvlokkies gebruik – maar met 'n baie ligte hand!

1 Franse brood
100 g sagte botter
3–4 huisies knoffel, gepers

Voorverhit die oond tot 180 °C. Sny die brood in taamlike dik snye. Meng die botter en knoffel; smeer elke sny kwistig daarmee. Hervorm die brood en draai toe in swaar foelie. Bak 15 minute. Vou die foelie bo oop en steek die brood vir nog 5–7 minute in die oond om 'n bros korsie te vorm.

Om op die rooster te braai, verhit die brood in foelie toegedraai saggies oor baie lae kole. Hou gedurig dop, want die brood kan in 'n kits verbrand. Maak die hulsel teen die einde van die verhittingstyd bo oop om die korsie bros te bak.

*Korsbrood met karwy en roosmaryn;
Gekruide bierbrood; Plaasbrood
(bladsye 88–89)*

VARIASIE: KNOFFELBROOD MET KRUIE
Strooi vars gekapte kruie rojaal oor die knoffelbotter. My gunstelinge is dragon, marjolein of oregu, en tiemie gemeng met gekapte pietersielie. Gedroogde kruie kan gebruik word, maar wees versigtig met die hoeveelheid; hul geur kan oorweldig. Wenk: Meng 'n knypie gedroogde gemengde kruie by die vars gekapte pietersielie.

BEREI VOORUIT
Dis altyd 'n uitkoms om Knoffelbrood of Franse kaasbrood byderhand te hê vir onverwagte gaste. Berei 'n paar brode, draai toe in foelie en verkil tot 3 dae in die koelkas of bevries die brode tot 3 maande lank.

FRANSE KAASBROOD

Hierdie resep bied 'n interessante variasie van knoffelbrood.

1 Franse brood
100 g sagte botter
30 ml Dijon-, Franse
   of grofgemaalde mosterd
250 ml gerasperde gruyère-
   of cheddar-kaas
4–6 sprietuie, baie fyn gekerf

Voorverhit die oond tot 150 °C. Sny die brood in dik skywe, smeer lekker dik met botter gemeng met mosterd, en strooi dan die kaas en uie-snippers oor.

Hervorm die brood, draai toe in swaar bladaluminium en verhit 30–40 minute lank. Maak die hulsel bolangs oop tydens die laaste 10 minute om die korsie bo bros te bak.

Oor die kole moet die brood stadig verhit word, anders word die kaas taai en leeragtig. Maak die hulsel teen die einde oop om die kors te verbros.

BRUSCHETTA

Ek sit so graag hierdie bros broodjies voor met allerhande bolae – skywe tamatie, mozzarella-kaas, salami, gekapte olywe.

1 klein Italiaanse brood
olyfolie
knoffelhuisies, geskil en gehalveer

Voorverhit die oond tot 220 °C. Sny die brood dun, bestryk met olyfolie, rangskik op 'n bakplaat en bak 10–15 minute lank tot bros. Vryf elke sny met 'n gesnyde knoffelhuisie en bedien warm. Of rooster die brood oor lae kole – maar pas op: Brood verkool in 'n kits.

GEKRUIDE BIERBROOD

'n Broodjie sonder bodderasie, vinnig om te meng en te bak, en met 'n baie besonderse kruiegeur.

750 ml koek- of meerdoelige meelblom
5 ml sout
15 ml bakpoeier
2 ml koeksoda
30 ml bruinsuiker
125 ml gekapte dille of vinkel, of 15 ml gedroogde dille of vinkel
340 ml-bottel bier

VERGLANSING
1 klein eier
2 ml sout

Voorverhit die oond tot 160 °C.
Sif tesame die meelblom, sout, bakpoeier en koeksoda. Meng die suiker en kruie liggies by. Giet die bier in en knie liggies tot 'n stywe deeg.
'n Voedselverwerker handel dit alles in 'n kits af, maar wees versigtig om nie te lank te meng nie.
Sit die deeg in 'n klein gesmeerde broodpan, bestryk met die eier geklits met die sout, en bak 60 minute. Keer uit en laat op 'n koelrak afkoel voor bediening met botter gemeng met vars kruie.
Lewer 1 klein broodjie

ROOSTERBROODJIES
Maak hierdie oop of toebroodjies vooruit, of voorsien die nodige vir die gaste om self hul eie broodjies te berei. Die broodjies is heerlik as voorgeregte, of by geskikte toespyse.
  Voorsien volop gesnyde brood, botter, allerhande vulsels, en skarnierroosters of jafelysters om die broodjies te rooster.

VOORGESTELDE VULSELS
Vir die slapper mengsels is jafelysters die beste.

☐ snye kaas, tamatie en ui
☐ gerasperde kaas en 'n bietjie blatjang (enige soort)
☐ roerbraai gekapte ui, groen soetrissie en tamatie
☐ gevlokte gaar vis, blikkiesvis of stukkies gaar hoender met mayonnaise van jou keuse
☐ geurige maalvleis
☐ fyngemaakte piesang met gemaalde kaneel en suiker
☐ gekapte dadels, gekapte neute, suurlemoensap en 'n skootjie joghurt

VETKOEK

Immer geliefde vetkoek . . . Bedien vetkoek met 'n strooiseltjie sout met die hoofgereg, of voeg 'n eetlepel suiker by die mengsel en bied dit aan as nagereg – warm, druppend van heuning, stroop of konfyt. Vetmakend? Wie gee om?

500 ml koekmeelblom of meerdoelige meelblom
15 ml bakpoeier
2 ml sout
200 ml melk
1 eier, lig geklits

Sif die meel, bakpoeier en sout in 'n mengbak. Meng melk en eier en meng dit deeglik by die droë bestanddele. Diepbraai in warm olie tot goudbruin; gebruik sowat 2 eetlepels deeg vir elke vetkoek. Dreineer en bedien warm.
Lewer sowat 12

GEURIGE KARRINGMELK-BROOD

Vinnig om te maak en verleidelik gegeur met kaas en spekvleis.

100 g swoerdlose streepspekvleis
sonneblomolie vir gaar maak
375 ml volkoringmeel
250 ml koek- of meerdoelige meelblom
5 ml koeksoda
5 ml suiker
2 ml sout
5 ml droë Engelse mosterd
knypie cayenne-peper
80 ml gerasperde parmesaan-kaas
1 eier, lig geklits
500 ml karringmelk
15 ml Worcestershire-sous

Voorverhit oond tot 160 °C. Braai spekvleis bros in 'n bietjie olie, dreineer, verkrummel, en sit dan opsy. Gooi die volkoringmeel in 'n mengbak, sif die koekmeel en koeksoda by, voeg die suiker, sout, mosterd, cayenne-peper, kaas en spekvleiskrummels by. Kombineer die eier, karringmelk en Worcestershire-sous en meng deur die droë mengsel. Plaas die deeg oor in gesmeerde broodpannetjie. Bak 60 minute. Laat afkoel op draadrak.
Lewer 1 klein broodjie

MAKLIKE WITBROOD

Dis glad nie so moeilik om 'n perfekte witbrood te bak nie. Moenie jou laat afskrik deur die tegnieke van meng/rys/afknie wat in hierdie resep beskryf word nie. Wanneer jou pragtige witbrood op die tafel staan, sal jy self sien wat ek bedoel. 'n Mooi brood vul 'n mens met oertevredenheid.

750 ml koek- of meerdoelige meelblom
10 g-koevert droë kits-suurdeeg
2 ml suiker
5 ml sout
15 ml sonneblomolie
200 ml warm water (by benadering)

Sif die meelblom in 'n groot mengbak. Meng die suurdeeg, suiker en sout by. Maak 'n holte in die middel en giet die olie en water daarin. Meng (gooi nog 'n bietjie water by indien nodig) en knie dan 'n paar minute tot die deeg elasties is.

Sit die deeg in 'n geoliede bak, bedek liggies met geoliede rekplastiek (dit hou die deeg trekvry, en jy kan sien wat aangaan). Laat staan op 'n warm plek tot dubbel uitgerys.

Knie die deeg af, vorm in 'n gladde langwerpige broodfatsoen en plaas in 'n goed gesmeerde broodpannetjie. Bedek weer liggies met rekplastiek en sit opsy op 'n warm plek tot die deeg tot by die rand van die pan gerys het. Voorverhit intussen die oond tot 170 °C.

Bak 45 minute lank tot deeglik deurgebak (die brood klink hol as jy daarop tik). Keer uit op 'n koelrak om af te koel.
Lewer 1 brood

PLAASBROOD

'n Weelderige tradisionele saadbrood. Jy hoef nie die resep slaafs te volg nie – gebruik watter sade jy wil. As die begroting 'n bietjie skraps is, laat die sade weg en vergoed deur na verhouding 'n bietjie meer volkoringmeel te gebruik.

500 g (1 liter) volkoringmeel
150 g (250 ml) bruismeel
250 ml melasse-semels
60 ml sonneblomsaad
60 ml sesamsaad
60 ml papawersaad
60 ml lynsaad
60 ml bruinsuiker
15 ml sout
30 ml sonneblomolie
20 g (2 koeverte) droë kits-suurdeeg
1 liter lou water (by benadering)

Olie 1 groot of 2 klein broodpannetjies. Gooi die volkoringmeel in 'n groot mengbak, sif die bruismeel by, en voeg dan die semels, sade, suiker, sout, olie en suurdeeg by. Meng liggies maar deeglik. Voeg die water by en meng om 'n mooi deeg te vorm.

WENKE
Die hoeveelheid water wat jy nodig sal hê, kan wissel; moet dus nie al die water gelyk bygooi nie. Die deeg se bestandheid is reg wanneer dit by die knie van jou hande af terugval in die bak.

Plaas die deeg in die broodpan(ne) en strooi ekstra saad bo-op. Bedek lossies met geoliede rekplastiek en laat op 'n warm plek staan tot die deeg dubbel gerys het. Voorverhit intussen die oond tot 180 °C. Verwyder plastiek en bak die brood 40 minute lank. Keer uit op 'n koelrak.
Lewer 1 groot of 2 klein broodjies

ROOSTERKOEK
Sommer op die rooster oor lae kole gebak, is roosterkoek 'n tradisionele bykos om die vuur.

Enige van die broodresepte in hierdie afdeling kan gebruik word, maar sorg net dat die deeg aan die stywe kant is (verminder die hoeveelheid vloeistof), anders drup dit deur die rooster op die kole voordat die hitte die buitekant kan verbros.

Bedek jou handpalms met meel en vorm die deeg in balletjies en pak hulle op die rooster. Sodra die onderkante bros is, keer versigtig om en bak tot die roosterkoek hol klink as jy daarop tik. Laat effens afkoel, sny of breek oop en bedien met botter.

KORSBROOD MET KARWY EN ROOSMARYN

As jy nie juis van karwysaad hou nie, vervang dit met lynsaad of papawersaad.

1 liter wit- of bruinbrood-meel
10 g-koevertjie droë kits-suurdeeg
2 ml sout
15 ml karwysaad
10 ml gedroogde knoffelvlokkies
15 ml suiker
100 ml water
250 ml melk
30 ml olyfolie

VIR DIE KORS
olyfolie
seesout of growwe sout
vars takkies roosmaryn

Meng die meel, suurdeeg, karwysaad, knoffel en suiker.

Verhit tesame die water, melk en olie tot liggaamshitte, voeg dit by die droë bestanddele en meng goed deur. Knie 'n paar minute tot die deeg mooi elasties is. Sit deeg in lig geoliede bak, bedek met geoliede rekplastiek; laat op 'n warm plek staan tot dubbel gerys.

Knie die deeg af en vorm tot 'n ronde platterige bal. Plaas in gesmeerde ronde pan, verf met olyfolie, strooi sout bo-oor en steek takkies roosmaryn plek-plek in. Bedek weer met rekplastiek en sit opsy tot weer dubbel gerys. Voorverhit intussen die oond tot 200 °C. Bak die brood 15 minute lank en verminder dan oondtemperatuur tot 180 °C. Bak nog 25 minute tot dit hol klink as jy daarop tik.

Bedien louwarm, en laat jou gaste maar gerus stukkies afbreek om so met die vingers te eet.
Lewer 1 ronde brood

HOOFSTUK 10
NAGEREGTE

Gerolde pavlova met vars bessies (bladsy 94)

Sondige soetgoed is die toppunt van vertroeteling – 'n ewe groot plesier om te beplan as om te berei en te eet.

Voorvereiste vir 'n nagereg om die vuur is dat dit vinnig en maklik moet wees om te maak en nie so vreeslik fênsie aangebied moet word dat dit 'n geskarrel op die tippie veroorsaak nie. Vrugte, roomys wat maklik berei word, terte en alle nageregte wat vooruit berei kan word, laat jou vry om met jou gaste te ontspan.

PIESANG-PAKKIES MET MALVALEKKERS

Pure kinderplesier hierdie, maar kyk maar hoe smul die grootmense ook daaraan. Die vooruit opgemaakte foelie-pakkies kan tot 'n dag lank in die koelkas gehou word.

4 ryp piesangs
suurlemoensap
16 vet donsige malvalekkers
100 g donker of melksjokolade, gerasper

Smeer 4 velle swaar foelie met botter. Skil die piesangs en halveer in die lengte. Sit 2 helftes op elke vel foelie, druk 'n bietjie suurlemoensap daaroor uit, en sit 4 malvalekkers bo-op. Strooi sjokolade bo-oor en verseël pakkies.

Verhit 10–15 minute oor die koelste randkole – net lank genoeg om die malvalekkers en sjokolade te laat smelt. Moenie oor te warm kole of langer as nodig bak nie, want dan word die piesangs maklik taai en die sjokolade word hard. Bedien sommer so uit die pakkie.
Genoeg vir 4

LIETSJIE-KEBABS MET WARM SJOKOLADESOUS

Prentjie-mooi, 'n hemelse nagereg – en kan boonop vooruit berei word.

565 g-blik ontpitte lietsjies
3 piesangs
suurlemoensap
100 g geroosterde amandelvlokkies (opsioneel) vir garnering

SJOKOLADESOUS
200 g donker sjokolade
125 ml room
30 ml koffie-likeur (opsioneel)

Dreineer die lietsjies. Skil die piesangs en sny op in stukke; verf met suurlemoensap om verkleuring te voorkom. Ryg die vrugte aan stokkies, bedek en verkil.

Verhit die sjokolade en room baie saggies in 'n bak oor pruttende water en meng tot glad. Meng die likeur by.

Rangskik die kebabs op dienborde, giet linte warm sjokolade-sous oor en garneer met die amandelvlokkies.
Genoeg vir 6

BEREI VOORUIT
Die kebabs kan 'n paar uur voor bediening saamgestel en verkil word. Die sjokoladesous hou 'n paar dae goed in die koelkas; verhit dit net voor bediening.

VRUGTE IN FOELIE

Draai vrugte in bladaluminium toe en maak tussen die kole gaar vir 'n lieflike, moeitevrye nagereg. Ekstra voordeel: Die pakkies kan die dag tevore al voorberei en verkil word tot braaityd.

Appels in foelie

Was net die appels, draai elkeen toe in swaar foelie gesmeer met botter, en bak minstens 30 minute of langer as jy wil in die koelste deel van die kolebed.

'n Ekstra-spesiale metode is om die appels te ontkern en die holtes te vul met 'n mengsel van gekapte neute, bruinsuiker, kaneel, sagte botter en 'n drukkie suurlemoensap. Of vul met koek-vrugtemengsel ('fruit mince') aangeklam met 'n bietjie brandewyn voor jy die appels toedraai.

Dis raadsaam om hierdie baie sagte appels sommer uit die pakkies met 'n lepel te eet.

Gemengde vrugte in foelie

Skil piesangs en sny in dik ringe. Skil vars pynappel, spanspek of papaja, en sny aan stukke. Meng vrugte; verdeel tussen velle swaar foelie. Bestrooi liggies met bruinsuiker en sprinkel brandewyn of Van der Hum oor.

Verseël die pakkies en plaas op die rooster oor die koelste deel van die kole om gaar te word terwyl die hoofgereg bedien word.

BESSIE-YS

Enige bessies in seisoen kan gebruik word. Of maak verskeie geure en bedien 'n skeppie van elk, versier met vars kruisement en ekstra vars bessies.

500 g ryp bessies, gewas, skoongemaak
250 g (300 ml) strooisuiker
500 ml room

Vermeng bessies en suiker. Klits room tot dit in sagte pieke staan en vou dan in. Bevries in geskikte houer.
Lewer 2 liter

GLANSVRUGTE-KEBABS

Hierdie interessante bekoorlikhede kan warm of koud bedien word, tesame met braaivleis wat om 'n vrugte-bysmakie vra, of as nagereg met room. Kies uit:

stukkies perske, koejawel, piesang en pruim
halwe appelkose of kaalperskes
snye peer of appelwiggies
kersies

MARINADE EN VERGLANSING
125 ml lemoensap
125 ml halfsoet witwyn
45 ml heuning
45 ml likeur met vrugtebasis (Curaçao, Van der Hum, Grand Marnier, Cointreau)

Vir 6 kebabs het jy 36–48 stukkies vrugte nodig. Ryg die vrugte op 6 dun bamboesstokkies in en plaas langs mekaar in bak (nie van metaal nie).

Kombineer die marinade-bestanddele en verhit saggies net tot die heuning smelt. Giet oor die kebabs; keer hulle om om alkante te bedek. Marineer verskeie ure voor die braai. Net voor bediening, braai die kebabs 2–3 minute lank aan elke kant oor warm kole en bedruip daartydens met die oorblywende marinade om kebabs te verglans.
Genoeg vir 6

HALVA-ROOMYS

Nie 'n siel sal raai hoe maklik hierdie heerlike nagereg opgetower kan word nie.

2 liter vanieljie-roomys
200 g halva

Laat die roomys effens sag word en meng dan in 'n voedselverwerker met die helfte van die halva. Verkrummel die res van die halva, vou dit liggies in die roomys in, en herbevries.

Bedien skeppe roomys met klein, knarsbros beskuitjies.
Lewer sowat 1,5 liter; 8 porsies

SUURLEMOEN-ROOMYS

Hierdie ligte, fris afronding vir 'n braai is een van die vinnigste en maklikste roomyssoorte om te maak.

250 ml melk
250 ml room
200 ml strooisuiker
fyn gerasperde skil van 1 suurlemoen
sap van 2 suurlemoene

Klits die melk, room en suiker tesame in 'n voedselverwerker tot glad. Giet in 'n vriesbestande houer en sit dit in die vrieskas tot half bevrore. Klits weer, nou met die suurlemoenskil en -sap bygevoeg, en herbevries dan soos tevore tot weer half-bevrore. Klits dan weer en bevries tot solied.
Genoeg vir 4–6

SJOKOLADE FLUWEEL-ROOMYS

Sjokolade-verslaafdes raak in vervoering oor hierdie nagereg – en dis baie maklik om te maak.

250 ml strooisuiker
200 ml kakao-poeier
100 g-plak donker sjokolade, in blokkies gebreek
125 ml sterk swart koffie
500 g room
3 eiergele
gerasperde donker sjokolade vir bolaag

In 'n klein kastrolletjie, kombineer die suiker, kakao, sjokolade, koffie en 125 ml van die room. Roer oor lae hitte tot glad vermeng en net-net wil kook.

Klits die eiergele in 'n voedselverwerker tot lig en dik, en klits dit dan by die warm sjokolade-mengsel in. Laat eers afkoel tot kamertemperatuur.

Klop 250 ml van die room tot dik genoeg om in sagte pieke te staan, en vou dan in die sjokolade-mengsel. Skep in individuele dienbakkies of glase en bevries – tot 'n maand.

Om te bedien, klop die oorblywende room tot effens verdik en giet oor. Garneer met gerasperde sjokolade.
Genoeg vir 8

KARAMEL-POEDING MET BROS PEPERMENT

'n Aantreklike laagpoeding vir baie gaste – kan vooruit berei word in die dienbak en net voor bediening opgetooi word.

400 g-blik gewone kondensmelk*
400 g-blik onversoete ingedampte melk, goed verkil
10 ml gelatien
200 g-pak bros beskuitjies
2 groot Peppermint Crisps

GARNERING
geklopte room

* As jy baie haastig is, kan jy gekoopte karamel-kondensmelk gebruik.

Kook die ongeopende blik kondensmelk 'n uur lank in water om te karameliseer. Verkil deeglik. Meet 60 ml van die onversoete ingedampte melk in 'n koppie af. Strooi gelatien bo-op en laat in warm water staan tot die gelatien smelt, of mikrogolf vir 30 sekondes op volle krag. Roer deur en laat afkoel.

Klop die res van die ingedampte melk tot dik en skuimerig. Voeg die karamel bietjies-bietjies by. Meng die gelatienmengsel by en verkil die poeding sowat 30 minute lank in die koelkas tot dit begin stol. Verkrummel die beskuitjies en die Peppermint Crisps tesame.

Roer die poeding dan deur en stel dit saam in afwisselende lae van karamel en die sjokolade-mengsel in 'n groot glasbak. Verkil 1–2 uur in die koelkas. Spuit geklopte room op en bedien.
Genoeg vir 10–12

BEREI VOORUIT
Die beskuit-sjokoladelaag is geneig om na 'n dag in die koelkas pap te word. Moet dus nie die poeding langer as 24 uur vooruit berei nie.

MOKKA-MOES MET MALVALEKKERS

Ook bekend as die skelm kok se sjokolade-moes, is hierdie gereg 'n uitkoms vir dié van ons wat versot is op iets ligs en lieflik maar min tyd het vir kombuiswerk. En goedkoop!

400 g-blik onversoete ingedampte melk, goed verkil
200 g-plak donker sjokolade, in blokkies gebreek
200 g wit malvalekkers*

GARNERING
1 klein Flake-sjokolade
geklopte room

* Sorg dat die malvalekkers die groot donsige soort is; hulle bevat meer gelatien om die poeding lig te maak en te laat stol.

Meet 125 ml van die ingedampte melk af in die boonste kastrol van 'n dubbelkoker en voeg sjokolade en malvalekkers by. Smelt oor pruttende water en roer tot deeglik gemeng. Laat afkoel, anders kan dit platval.

Klop oorblywende ingedampte melk tot dik genoeg om in stywe pieke te staan (dit sal nie lekker klop as dit nie koud genoeg is nie). Vou dit saggies maar deeglik in die sjokolade-mengsel, giet oor in 'n glasbak en verkil 3–4 uur lank om te stol. Versier met geklopte room en sjokoladekrummels net voor dit bedien word.
Genoeg vir 8–10

BEREI VOORUIT
Die nagereg kan 'n dag of wat vooruit berei word, maar wag met die garnering tot op die langste 4 uur voor bediening, anders word die room hard.

VLAM-PIESANGS

Bak oor die kole en bedien met 'n skeppie roomys.

4–6 piesangs
suurlemoensap
50 g (50 ml) botter
45 ml bruinsuiker
60 ml brandewyn
sap van 1 lemoen

Skil piesangs, sny middeldeur in die lengte en besprinkel met suurlemoensap. Braai in siswarm botter (verkieslik in kleefvrye pan) tot lig verbruin. Strooi die suiker oor, giet brandewyn oor en vlam. Voeg die lemoensap by en kook vinnig tot sous stroperig is, maar sorg dat die piesangs nie pap kook nie.
Genoeg vir 4

VINNIGE KAASKOEK

Die eenvoudigste kaaskoek, klaar in 'n kits – en net so vinnig verorber.

BESKUIT-TERTDOP MET NEUTE
100 g Brasil-neute, baie fyn gekap
200 g bros beskuitjies, fyngedruk
200 ml droë klapper
60 ml suiker
125 g botter, gesmelt

VULSEL
400 g-blik kondensmelk
2 x 250 g-bakkies roomkaas (of gladde maaskaas)
125 ml suurlemoensap

GARNERING
250 ml room
gerasperde suurlemoenskil

Voorverhit die oond tot 180 °C. Smeer 'n losboom-koekpan (24 cm-deursnee) liggies met olie. Meng bestanddele vir tertdop en druk vas op die boom van die koekpan. Bak 10 minute lank; laat afkoel. Kombineer vulsel-bestanddele, giet in tertdop en verkil tot styf.

Garneer met room-krulle en gerasperde suurlemoenskil.
Genoeg vir 10–12

SUURLEMOEN-MERINGUE

Hierdie oop tert met 'n suurlemoenvulsel was nog altyd 'n familie-gunsteling en onweerstaanbaar vir alle lekkerbekke.

BESKUITJIE-TERTDOP
400 g bros beskuitjies
125 g botter, gesmelt

VULSEL
2 x 400 g-blikkies
  volroom-kondensmelk*
4 ekstra-groot of jumbo-eiers, geskei
30 ml suurlemoensap **

MERINGUE
4 witte van eiers geskei vir vulsel
30 ml strooisuiker

* *Moenie die laevet-kondensmelk gebruik nie; die vulsel sal nie stol nie.*
** *Gebruik net ryp geel suurlemoene; die sap van groen suurlemoene sal die vulsel laat skei.*

Voorverhit die oond tot 180 °C. Smeer 'n 25 cm-tertpan of quiche-pan met botter. Rol die beskuitjies fyn, meng met die gesmelte botter en druk vas in die tertpan. Bak 15–20 minute tot lig verbruin. Laat afkoel voor gevul word.

Meng die kondensmelk, eiergele en suurlemoensap. Giet in die beskuitjiedop en verkil goed.

Klits die eierwitte tot in stywe punte staan. Klits die strooisuiker bietjies-bietjies by om 'n stywe, blink mengsel te vorm. Skep dit op die tertvulsel en bak tot liggies verbruin onder die oondrooster. Hou dit gedurig dop; dit brand in 'n kits aan.
Genoeg vir 10–12

VARIASIE
Pleks van hierdie beskuitjie-dop, kan jy die weelderiger tertdop van Vinnige kaaskoek (bl. 93) gebruik.

BEREI VOORUIT
Voltooi die tert 'n dag of wat voor bediening, maar voeg die meringue eers op die laaste tippie by, anders sal dit verrimpeld en afgeleef lyk.

SJOKOLADE-TERT

'n Vulsel van sjokolade-moes in die brosste tertdop wat jy kan bedink. Groot genoeg vir baie gaste, en die lekkerste op die dag dat dit gemaak word. Sit dit voor met sag geklopte room vir ekstra vertroeteling.

TERTDOP
100 g donker sjokolade
50 g (50 ml) botter
50 g Rice Krispies

VULSEL
250 ml melk
60 ml strooisuiker
2 eiers, geskei
15 ml gelatien
300 g donker sjokolade, in blokkies
30 ml brandewyn (opsioneel)
250 ml room

TERTDOP Smelt sjokolade en botter oor pruttende water. Verwyder van die hitte, meng die Rice Krispies by en druk die mengsel vas teen die boom en kante van 'n diep tertpan of quiche-pan van 23 cm. Verkil tertdop in die koelkas.
VULSEL Kombineer die melk, suiker en eiergele in 'n middelgroot kastrol (of dubbelkoker). Roer oor matige hitte tot genoeg verdik om die agterkant van die lepel te bedek. Haal van die plaat af, strooi gelatien bo-oor en meng goed deur. Voeg die sjokolade by en roer tot gesmelt. Roer die brandewyn deur. Laat tot kamertemperatuur afkoel.

Klits die eierwitte tot hulle in sagte pieke staan. Klop die room apart en vou dan die eierwit en die room die een na die ander versigtig maar deeglik in die afgekoelde sjokolade-vla in. Giet in die tertdop en verkil minstens 2 uur tot styf.
Genoeg vir 12

GEROLDE PAVLOVA MET VARS BESSIES

'n Pragtige, elegante nagereg – vrugte omhels deur meringue en versier met room – waarmee jy ver uitkom. As bessies nie beskikbaar is nie, gebruik piesangringe of goed gedreineerde nartjie-huisies. Onthou: Vir die korrekte tekstuur, is dit noodsaaklik om die strooisuiker akkuraat af te meet.

6 eierwitte
375 g strooisuiker
20 ml mielieblom
5 ml vanielje-essens

VULSEL
250 ml-bakkie room
300 g vars bessies

GARNERING
geklopte room
takkies kruisement

Voorverhit die oond tot 200 °C. Voer 'n bakpan van 30 cm x 45 cm met bladaluminium uit en besproei liggies met olie. Sprei 'n klam vadoek op jou werktafel en bedek dit met waspapier.

Klits die eierwitte in 'n elektriese menger tot baie styf. Meng die strooisuiker en mielieblom en voeg bietjies-bietjies by die eierwit; klits deeglik na elke byvoeging. Voeg die vanielje by en klits nog 'n minuut of wat tot die mengsel blink is. Sprei die mengsel egalig op die boom van die bakpan, maar laat 'n bietjie oop ruimte om die rand sodat die meringue kan sprei terwyl dit bak. Bak 12 minute lank. Keer die pavlova uit op die waspapier. Trek die aluminium af en laat afkoel tot kamertemperatuur.

Klop die room styf, sprei dit op die meringue en rangskik die vrugte daarop. Rol dit op in die vadoek; begin by die lang kant. Plaas op 'n mooi dienbord; garneer met geklopte room en takkies ment.
Genoeg vir 10–12

BEREI VOORUIT
Hierdie nagereg moet liefs dadelik bedien word, maar die pavlova kan 'n paar uur in die koelkas staan. Die meringue kan tot 8 uur tevore gebak word, maar nie langer vooruit nie.

REGISTER

A
Aartappel
 -gebak met kruie 85
 -gebak met maaskaas 84
 -pakkies met uie 84
 -slaai, koue 84
 -slaai, warm 85
 gebakte 82
 knoffel- en kruie met
  roosmaryn 85
Alikreukels 53
Amerikaanse bone 78
Amerikaanse braaisous 69
Ansjovis
 met Italiaanse soetrissies 16
 olyf en -botter 26
 -sous by koolslaai met neute
  en feta 73
Antipasto 16
Appelkoos-glans 32
Appel(s)
 in foelie gebak 92
 -slaai met seldery en pekan 73
Aptytwekkers sien Voorgeregte
Artisjokke met balsaminie-
 vinaigrette 15
Asado 58
Aspersies, vars, met
 sitrus-mayonnaise 15

B
Bedruipsouse sien Marinades
Beesstert-potjie 63
Beesvleis 25
 beesfilet, gemarineerde 25
 bief-potjie 64
 biefskyf met bloukaas-vulsel 26
 burgers 26-27
 kruisskyf met olyf- en
  ansjovisbotter 26
 satay, Indonesiese 26
 T-been, knoffel 25
Bessie-ys 92
Blomkool en tamaties, gekrummel 80
Boerewors 47
Bone
 -bak, groot 78
 Amerikaanse 78
 en lensies met vinaigrette 78
 piesang- 77
 sous- 78
Botter
 knoffel- 22
 olyf- en ansjovis- 26
 verhelderde 16
Braaisous, Amerikaanse 69
Brood 87
 bier-, gekruide 88
 bruschetta 88
 kaas-, Franse 87
 karringmelk- 88
 knoffel- 87
 kors- met karwy en roosmaryn 89

plaas- 89
roosterbroodjies 88
roosterkoek 89
tamatiebraaibroodjies, warm 17
vetkoek 88
wit-, maklike 89
Bruschetta 88
Bygeregte sien Toespyse

C
Caesar-slaai 72
Cajun-rys 82
Chinese ribbetjies 36

D
Dijon-varkskywe 35
Dragon-tjops 39

E
Eiervrug Niçoise 80
Eiervrug-piekel met uie 79

G
Garnale 54
 knoffel- op 'n stokkie 54
Gemarineerde beesfilet 25
Gemarineerde olywe en feta 13
Gemarineerde sampioene 77
Glans-ham met pynappel 35
Glans-uie met tamatie en
 koljander 81
Griekse slaai 72
Groenpeper-sous 69
Groenslaai, groot 72
Groente
 in foelie 76
 -kebabs 76
 'verkoolde' 74
Grootman se sous 69

H
Ham met pynappel 35
Hamburgers, 'n verskeidenheid 26
Heuning
 -glans by hoenderborsies 42
 -glans met kruie 22
 -sous met kerrie 39
 -vinaigrette met soja 67
Hoender 41
 -borsies met heuningglans 42
 brand- en tamatie-salsa met
  koljander 41
 gevlamde 42
 kaas- in spekvleis 41
 kuikens, geplooide 42
 -lewer-kebabs 45
 -lewer-kebabs met spekvleis 45
 -lewer-pâté met kruie 16
 -potjie, dronk 62

 -potjie, Mediterreense 62
 -stokkies, Oosterse 41

K
Kaas
 -brood, Franse 87
 -hoender in spekvleis 41
 -koek, vinnige 93
 -uie 81
Kalfsvleis ('veal') 39
 dragon-tjops 39
 kotelette met
  peper-sampioensous 39
 schnitzels met ham en kaas 39
Kalkoen in 'n potjie met gespeseryde
 rysvulsel 64
Karamel-poeding met bros
 peperment 93
Katjoemer 71
Kebabs
 groente- 76
 hoenderlewer- met spekvleis,
  pynappel en soetrissie 45
 lamsniertjie- met spekvleis 45
 lietsjie- met warm
  sjokoladesous 91
 sjisj- 32
 vark- met lemoen en
  brandewynsous 36
 vrugte- 92
Kleinvis op 'n stokkie 52
Knoffel
 -botter 22
 -brood 87
 -garnale op 'n stokkie 54
 op die kole 78
 T-beenskyf 25
Komkommer
 -joghurt met speserye, by
  swartvis 52
 Setsjewan- 15
Koolslaai
 gemarineerde, met seldery 72
 met feta en neute, in ansjovis-
  sous 73
Kotelette met peper-
 sampioensous 39
Kouevleis 16
Kreef 54
Kruie-mayonnaise 68
Kruie-vinaigrette 67
Krummelpap 62
Kuikens, geplooide 42

L
Lamsvleis
 lamsboud, ontbeen van 32
 lamslende met knoffel en
  roosmaryn 31
 lamsrol met pynappelvulsel 32
 lamtjops met kruisement 31
 satay, Siamese 32

 sjisj-kebabs 32
 sosaties 33
 soutribbetjies 33
 spitgebraaide 57
 vlinder-lam 31
Langoustines 54
Lemoen
 en brandewyn-bedruipsous 36
 -sous met kruie 22
 -slaai, gekruide 71
Lemoenpampoentjies, in foelie 76
Lensies en bone met
 kruie-vinaigrette 78
Lewer
 hoenderlewer-kebabs met
  spekvleis, pynappel en
  soetrissie 45
 hoenderlewer-pâté met kruie 16
 oor die kole met uie 45
Lietsjie- en piesang-kebabs met
 warm sjokoladesous 91

M
Marinade(s) en bedruipsous(e)
 dragon- 39
 heuning- met kruie 22
 joghurt- met speserye 42
 knoffelbotter 22
 mandaryn- 23
 perske- 22
 Siamese 32
 tower- 23
Mayonnaise 68
 kruie- 68
 pesto- 68
 sitrus- 15
 tapenade- 68
Mediterreense hoender-potjie 62
Mediterreense lemoensous met
 kruie 22
Mielies, braai- 78
Mokka-moes met malvalekkers 93
Mossels 53

N
Nageregte 91
 bessie-ys 92
 glansvrugte-kebabs 92
 kaaskoek, vinnige 93
 karamel-poeding met bros
  peperment 93
 lietsjie- en piesang-kebabs met
  warm sjokoladesous 91
 mokka-moes met malvalekkers 93
 pavlova, gerolde, met vars
  bessies 94
 piesang-pakkies met malvalekkers
  91
 roomys
  halva- 92
  sjokolade fluweel- 92
  suurlemoen-, vinnige 92

sjokolade-tert 94
suurlemoen-meringue 94
vlam-piesangs 93
vrugte in foelie 92
Neute, gemengde, geroosterde 13
Niertjie-kebabs met spekvleis 45
Noedelslaai, Oosterse 73

O
Olywe en feta, gemarineerde 13

P
Pampoen in 'n potjie 61
Pap
  krummel- 62
  stywe- 61
Patat met lemoenglans 84
Pâté, hoenderlewer- met kruie 16
Pavlova, gerol met vars bessies 94
Peper-sampioensous 39
Peperwortel-sous 68
Perlemoen
  in bamboes 53
  -pakkies 53
  -skywe 52
Pesto-mayonnaise 68
Piesang(s)
  -boontjies 77
  braai- 74
  en lietsjie-kebabs 91
  gevlamde 93
  -pakkies met malvalekkers 91
  spekvleis- 74
Pietersielie-smeer, by wildsvleis 29
Potbrood 62
Potjiekos 61
  beesstert 63
  bief 64
  hoender
    dronk 62
    Mediterreense 62
  kalkoen met gespeseryde
    rysvulsel 64
  pampoen 61
  potbrood 62
  seekos 64
  tarentaal, outydse 63

R
Ratatouille 81
Ribbetjies, Chinese 36
Roerbraai-spinasie met spekvleis,
  tamatie en feta 74
Roomys *sien* Nageregte
Roosterkoek 89
Rys
  Cajun- 82
  -slaai 82
  -vulsel, gespeseryde 64

S
Sampioene
  braai- 77
  met spesery-rys 77
  mozzarella- met gekruide
    tamatie 77

Satay
  Indonesiese 26
  Siamese 32
  -sous 69
Schnitzels met ham en kaas 39
Seekos 49
  alikreukels 53
  garnale 54
  kleinvis op 'n stokkie 52
  kreef 54
  langoustines 54
  mossels 53
  perlemoen 52
  seekos-pakkies, gemengde 54
  seekos-potjie 64
  seekos-sous 68
  swartvis met komkommer-joghurt
    met speserye 52
  sien ook Vis
Setsjewan-komkommers 15
Sewe speserye-mengsel 22
Siamese Satay 32
Sjisj-kebabs 32
Sjokolade
  -fluweel-roomys 92
  -tert 94
Skottelbraai van visfilette 50
Slaphakskeentjies 81
Soetrissies, Italiaanse 16
Soetsuur uie 85
Sosaties 33
Sousboontjies 78
Sous(e) en slaaisous(e) 67
  braaisous, Amerikaanse 69
  groenpeper- 69
  Grootman se 69
  joghurt- met speserye 68
  mayonnaise 68
  kruie- 68
  pesto- 68
  tapenade- 68
  peperwortel- 68
  seekos- 68
  tamatie-salsa, vars, met
    koljander 68
  tamatiesous, gekruide 68
  tartare- 68
  vinaigrette 67
    kruie- 67
    met heuning en soja 67
Soutribbetjies 33
Spekvleis
  by kaashoender 41
  en piesangs 74
  en vye 74
Spinasie
  roerbraai- met spekvleis, tamatie
    en feta 74
  slaai, warm, met spekvleis en
    sampioene 74
Spitbraai 57
  lam 57
  varkie 59
Stywepap 61
Suikermielie-poffers 76
Suurlemoen
  -meringue 94
  -roomys 92
Swartvis met komkommer-joghurt
  met speserye 52

T
Tamatie
  -braaibroodjies, warm 17
  en krummel-blomkool 80
  en mozzarella, met
    basilie-vinaigrette 16
  -salsa, vars, met koljander 41
Tapenade-mayonnaise 68
Tarentaal, outydse potjie 63
Tartare-sous 68
Tjops
  met dragon 39
  met kruisement 31
Toespyse 71
  aartappel
    -gebak met kruie 85
    -gebak met maaskaas 84
    gebakte 82
    knoffel- en uie met roosmaryn
      85
    -pakkies met uie 84
    -slaai, koue 84
    -slaai, warm 85
  appelslaai met seldery en pekan 73
  blomkool, krummel-
    met tamatie 80
  bone
    Amerikaanse 78
    -bak, groot 78
    en lensies met vinaigrette 78
    met piesang 77
    sousboontjies 78
  Caesar-slaai 72
  eiervrug
    Niçoise 80
    -piekel met uie 79
  Griekse slaai 72
  groenslaai, groot 72
  groente in foelie
    botterskorsies ('butternut') 76
    lemoenpampoentjies 76
    uie 76
  groente-kebabs 76
  groente, verkoolde 74
  katjoemer 71
  knoffel op die kole 78
  koolslaai
    gemarineerde, met seldery 72
    met feta en neute in
      ansjovis-sous 73
  lemoenslaai, gekruide 71
  lensies en bone met vinaigrette 78
  mielies, braai- 76
  noedelslaai, Oosters, met neute 73
  patat met lemoenglans 84
  piesang(s)
    -boontjies 77
    braai- 74
    spekvleis- 74
  ratatouille 81
  rys
    Cajun- 82
    -slaai 82
  sampioene
    braai- 77
    met spesery-rys 77
    mozzarella- met gekruide
      tamatie 77
  slaphakskeentjies (uie) 81
  sousboontjies 78

spinasie
  roerbraai-, met spekvleis,
    tamatie en feta 74
  -slaai, warm 74
suikermielie-poffers 76
uie 76
  kaas- 81
  met tamatie en koljander 81
  slaphakskeentjies 81
  soetsuur 85
vye in spekvleis 74

V
Varkvleis 35
  Dijon-varkskywe 35
  filet met spekvleis en piesang 36
  glans-ham met pynappel 35
  kebabs met brandewynsous 36
  kotelette 35
  lende, gespeseryde 36
  met ment-appel 35
  ribbetjies, Chinese 36
  ribtjops, Kasselse 35
  wors, gekruide 47
Vetkoek 88
Vinaigrette 67
  balsaminie- by artisjokke 15
  basilie- by tamatie en
    mozzarella 16
  kruie- 67
  met heuning en soja 67
Vis 49
  -filette met sampioene en
    amandels 52
  -filette, gebraaide 50
  heel oor die kole 50
  in foelie 50
  klein- op 'n stokkie 52
  swartvis met komkommer-joghurt
    met speserye 52
  vir 'n skottelbraai 50
  sien ook Seekos
Vleis 19
Voorgeregte 13
  antipasto 16
  artisjokke, met
    balsaminie-vinaigrette 15
  aspersies, vars, met
    sitrus-mayonnaise 15
  hoenderlewerpâté, met kruie 16
  komkommers, Setsjewan- 15
  neute, gemengde en
    geroosterde 13
  olywe, gemarineerde, met feta 13
  soetrissies, met ansjovis 16
  tamatie en mozzarella met
    basilie-vinaigrette 16
  tamatiebraaibroodjies, warm 17
Vye in spekvleis 74

W
Wildsvleis 29
  met pietersieliesmeer 29
  wildsboud, ontbeende 29
Wors
  boerewors 47
  varkwors, gekruide 47
  Frankfort-knakwors 47